대한민국 법령 시리즈 368

기술의 이전 및 사업화 촉진에 관한 법률
(약칭 : 기술이전법)

법령
시행령
시행규칙

해광출판사

머리말

이 책은 방대한 법전을 보지 않고 간편하게 해당되는 법령만 참고해서 볼 수 있도록 하였습니다. 공공기관이나 관련 종사자들이 쉽고 간편하게 해당 법령을 참조 할 수 있도록 하였습니다.

특히 해당법률은 물론 관련 시행령, 시행규칙을 함께 실어 관련법을 서로 참고할 수 있게 하였습니다.

법률이라는 것이 크든 작든 항상 변하는 관계로, 출간 이후의 정확하고 최신의 법률은 법제처 국가법령정보센터에서 확인이 가능하니 법률의 실제 적용 시 확인이 필요한 점 유의하기를 바랍니다.

편집부

* 수록 법률은 법제처 국가법령정보센터에서 확인 가능합니다.
* 발행일 기준 시행 법률이므로 최신 법령은 위 센터에서 볼 수 있습니다.
* 본 책자에 수록된 법률의 문구에 대하여 법적인 효력은 없으며, 실제 적용 법률은 위 센터에서 최신의 법률로 확인하시기 바랍니다.
* 해당 법령과 함께 시행령, 시행규칙도 수록되어 있습니다.
* 발행일 기준으로 개정 예정 법률은 밑줄로 별도 표시되어 있으며, 보다 정확한 것은 법제처에서 확인하기 바랍니다.

목차

기술의 이전 및 사업화 촉진에 관한 법률
(약칭 : 기술이전법)

[시행 2025. 10. 1.] [법률 제21065호, 2025. 10. 1., 타법개정]

**개정 예정 법률 밑줄 별도 표시.

기술의 이전 및 사업화 촉진에 관한 법률 (약칭 : 기술이전법)

[시행 2025. 10. 1.] [법률 제21065호, 2025. 10. 1., 타법개정]

제1장 총칙

제1조(목적) 이 법은 공공연구기관에서 개발된 기술이 민간부문으로 이전되어 사업화되는 것을 촉진하고, 민간부문에서 개발된 기술이 원활히 거래되고 사업화될 수 있도록 관련 시책을 수립·추진함으로써 산업 전반의 기술경쟁력을 강화하여 국가경제의 발전에 이바지함을 목적으로 한다.

제2조(정의) 이 법에서 사용하는 용어의 뜻은 다음과 같다. 〈개정 2013. 3. 23., 2014. 11. 19., 2017. 7. 26., 2025. 1. 21., 2025. 10. 1.〉

1. “기술”이란 다음 각 목의 어느 하나에 해당하는 것을 말한다.

가. 「특허법」 등 관련 법률에 따라 등록 또는 출원(出願)된 특허, 실용신안(實用新案), 디자인, 반도체집적회로의 배치설계 및 소프트웨어 등 지식재산

나. 가목의 기술이 집적된 자본재(資本財)

다. 가목 또는 나목의 기술에 관한 정보

라. 그 밖에 가목부터 다목까지에 준하는 것으로서 대통령령으로 정하는 것

2. "기술이전"이란 양도, 실시권 허락, 기술지도, 공동연구, 합작투자 또는 인수·합병 등의 방법으로 기술이 기술보유자(해당 기술을 처분할 권한이 있는 자를 포함한다)로부터 그 외의 자에게 이전되는 것을 말한다.

3. "사업화"란 기술을 이용하여 제품을 개발·생산 또는 판매하거나 그 과정의 관련 기술을 향상시키는 것을 말한다.

4. "기술평가"란 사업화를 통하여 발생할 수 있는 기술의 경제적 가치를 가액(價額)·등급 또는 점수 등으로 표현하는 것을 말한다.

5. "공공기술"이란 기술의 소유권·실시권 또는 이용권 등이 공공연구기관에 귀속된 기술을 말한다.

6. "공공연구기관"이란 다음 각 목의 기관을 말한다.

가. 국공립 연구기관

나. 「과학기술분야 정부출연연구기관 등의 설립·운영 및 육성에 관한 법률」 제8조제1항에 따라 설립된 정부출연연구기관

다. 「특정연구기관 육성법」 제2조를 적용받는 특정연구기관

라. 「고등교육법」 제2조에 따른 학교

마. 그 밖에 「민법」 또는 다른 법률에 따라 설립된 연구개발과 관련된 법인·단체로서 기술의 이전 및 사업화(이하 "기술이전·사업화"라 한다)를 촉진하기 위하여 대통령령으로 정한 기관

7. "관계중앙행정기관"이란 재정경제부, 과학기술정보통신부, 교육

부, 산업통상부, 그 밖에 대통령령으로 정하는 기관을 말한다.

8. "기술신탁관리업"이란 기술보유자로부터 기술과 그 사용에 관한 권리(이하 "기술등"이라 한다)를 신탁받아 기술등의 설정·이전, 기술료의 징수·분배, 기술의 추가개발 및 기술자산유동화 등 대통령령으로 정하는 관리업무를 수행하는 업(業)을 말한다.

9. "기술자산유동화"란 기술등 및 기술등으로 인한 채권·지분과 그 밖의 재산권을 유동화자산으로 하는 「자산유동화에 관한 법률」 제2조제1호에 따른 자산유동화를 말한다.

10. "공공연구기관첨단기술지주회사"(이하 "기술지주회사"라 한다)란 공공연구기관이 보유하고 있는 기술의 사업화를 목적으로 다른 회사의 주식(지분을 포함한다. 이하 같다)의 소유를 통하여 해당 회사의 사업을 지배하거나 관리·지원하는 것을 주된 사업으로 하는 회사로서 제21조의3에 따라 등록된 회사를 말한다. 다만, 「산업교육진흥 및 산학협력촉진에 관한 법률」 제25조에 따른 산학협력단이 보유하고 있는 기술의 사업화를 목적으로 회사를 설립하는 경우에는 제외한다.

11. "공공연구자창업"이란 공공연구기관에 소속된 연구자 또는 임직원(이하 "연구자등"이라 한다)이 공공기술을 활용하여 회사를 새로 설립하는 것을 말한다.

12. "창업기업"이란 공공연구기관에 소속된 연구자등이 창업한 회사로서 창업한 날부터 대통령령으로 정한 기간 이내의 회사를 말한다.

13. "창업자"란 공공연구기관 소속 연구자등으로서 창업을 하여 창업기업의 주식을 소유한 자를 말한다.

14. “예비창업자”란 창업을 하려는 공공연구기관 소속 연구자등을 말한다.

[전문개정 2010. 4. 12.]

[시행일: 2026. 1. 2.] 제2조제7호의 개정부분 중 재정경제부 및 기획예산처에 관한 부분

제3조(정부 등의 책무) ① 정부는 이 법의 목적이 달성될 수 있도록 기술이전·사업화를 촉진하기 위한 시책을 수립·시행하여야 한다.

② 지방자치단체는 제1항의 시책에 따라 관할구역의 특성을 고려하여 그 지역의 기술이전·사업화를 촉진하기 위한 시책을 수립·시행하여야 한다.

③ 공공연구기관은 공공기술이 민간부문에 원활히 이전될 수 있도록 노력하여야 한다.

[전문개정 2010. 4. 12.]

제4조(다른 법률과의 관계) ① 기술이전·사업화에 관하여 다른 법률에서 정하고 있는 경우를 제외하고는 이 법을 적용한다.

② 이 법에 따른 기술신탁관리업에 대하여는 「자본시장과 금융투자업에 관한 법률」을 적용하지 아니한다. 다만, 기술신탁관리업의 영업행위에 관하여는 「자본시장과 금융투자업에 관한 법률」 제102조, 제104조, 제108조제2호, 제4호부터 제7호까지, 제109조제1호부터 제6호까지, 제8호부터 제10호까지 및 제113조부터 제117조까지의 규정을 준용한다. 〈개정 2012. 1. 26.〉

[전문개정 2010. 4. 12.]

제2장 기술이전·사업화 촉진계획의 수립 등

제5조(기술이전·사업화 촉진계획의 수립 및 시행) ① 정부는 기술이전·사업화에 관한 정책목표를 달성하기 위하여 다음 각 호의 사항이 포함된 기술이전·사업화 촉진계획(이하 "촉진계획"이라 한다)을 수립·시행하여야 한다. 〈개정 2010. 4. 12.〉

1. 기술이전·사업화의 정책목표와 전략
2. 촉진계획의 시행을 위한 예산에 관한 사항
3. 기술이전·사업화를 촉진하기 위한 사업의 추진 및 기반 확충에 관한 사항
4. 기술평가의 활성화 방안
5. 사업화 촉진을 위한 금융지원에 관한 사항
6. 기술자산유동화의 촉진에 관한 사항
7. 그 밖에 기술이전·사업화를 촉진하기 위하여 필요한 사항

② 산업통상부장관을 제외한 관계중앙행정기관의 장은 촉진계획의 수립을 위하여 그 기관의 연구개발사업에 대한 기술이전·사업화의 촉진을 위한 계획을 수립하여 산업통상부장관에게 통보하여야 한다. 〈개정 2010. 4. 12., 2013. 3. 23., 2025. 10. 1.〉

③ 관계중앙행정기관의 장은 제2항의 계획을 수립할 때에는 소관 분야에 대한 국가연구개발사업 관련 자금 중 일부를 기술이전·사업화 촉진사업의 수행에 지원하도록 하는 내용을 포함할 수 있다. 〈개정 2010. 4. 12.〉

④ 산업통상부장관은 제2항에 따라 통보받은 계획을 종합하여 촉진계획을 수립한다. 이 경우 촉진계획은 연간 추진계획과 3년 단위

의 중기추진계획으로 구성한다. 〈개정 2010. 4. 12., 2013. 3. 23., 2025. 10. 1.〉

⑤ 삭제 〈2009. 4. 1.〉

⑥ 촉진계획의 수립 및 시행에 필요한 사항은 대통령령으로 정한다. 〈개정 2010. 4. 12.〉

제6조 삭제 〈2009. 4. 1.〉

제3장 기술이전 · 사업화 기반의 확충

제7조(기술이전 · 사업화 정보의 등록 및 제공 촉진) ① 정부는 기술이전 · 사업화를 촉진하기 위하여 기술, 기술인력, 설비 및 기술평가에 관한 정보 등 기술이전 · 사업화에 관한 정보를 체계적으로 제공하기 위한 시책을 마련하여야 한다.

② 다음 각 호의 어느 하나에 해당하는 자가 기술을 이전하려는 경우에는 그 기술이 국가기밀에 해당하는 등 대통령령으로 정하는 특별한 사유가 있는 경우를 제외하고는 기술의 내용 등을 6개월 이내에서 대통령령으로 정하는 기간에 「산업기술혁신 촉진법」 제38조에 따른 한국산업기술진흥원(이하 "기술진흥원"이라 한다)에 등록하여야 한다.

1. 공공연구기관

2. 공공연구기관이 아닌 기관 · 단체로서 국가, 지방자치단체 또는 「공공기관의 운영에 관한 법률」 제4조에 따른 공공기관(이하 "공공기관"이라 한다)의 지원을 받아 기술을 개발 · 보유하는 기관 및 단체

3. 「산업기술연구조합 육성법」에 따른 산업기술연구조합

③ 정부는 기술이전·사업화에 관한 정보의 제공 업무를 다음 각 호의 기관으로 하여금 수행하게 하고 이를 지원할 수 있다.

1. 기술진흥원
2. 제10조에 따른 기술거래기관
3. 제11조에 따른 전담조직
4. 제12조에 따른 사업화 전문회사
5. 제35조에 따른 기술평가기관
6. 그 밖에 대통령령으로 정하는 관계 전문기관

④ 제2항에 따른 기술이전·사업화 정보의 등록에 관한 구체적인 방법과 제3항에 따른 지원에 필요한 사항은 대통령령으로 정한다.

[전문개정 2010. 4. 12.]

제8조(실태조사) ① 정부는 기술이전·사업화의 촉진에 필요한 기초자료를 확보하기 위하여 기술이전·사업화에 관한 실태 등을 조사할 수 있다.

② 산업통상부장관은 관계중앙행정기관의 장과 공공연구기관의 장에게 제1항에 따른 실태조사에 필요한 자료의 제출을 요청할 수 있다. 이 경우 자료 제출을 요청받은 기관의 장은 기업의 경영·영업상 비밀의 유지 등 대통령령으로 정하는 특별한 사유가 있는 경우를 제외하고는 이에 협조하여야 한다. 〈개정 2013. 3. 23., 2025. 10. 1.〉

③ 제1항과 제2항에 따른 실태조사를 하는 경우 실태조사에서의 구체적인 자료작성의 범위 등에 관하여는 대통령령으로 정한다.

[전문개정 2010. 4. 12.]

제9조 삭제 〈2009. 1. 30.〉

제10조(기술거래기관의 지정 · 취소 및 지원) ① 관계중앙행정기관의 장은 기술이전 · 사업화 촉진을 위하여 기술거래를 위한 전담인력 등 대통령령으로 정하는 기준을 갖춘 자를 기술거래기관으로 지정할 수 있다.

② 제1항에 따라 지정된 기술거래기관(이하 "기술거래기관"이라 한다)은 다음 각 호의 사업을 한다.

1. 기술이전 · 사업화 대상 기술의 파악, 수요 조사, 분석 및 평가
2. 기술이전 · 사업화 정보의 수집 · 관리 · 유통 및 관련 정보망 구축
3. 기술이전의 중개 · 알선
4. 그 밖에 기술이전 · 사업화 정보의 유통을 촉진하는 사업으로서 대통령령으로 정하는 사업

③ 관계중앙행정기관의 장은 기술거래기관이 다음 각 호의 어느 하나에 해당하면 그 지정을 취소할 수 있다. 다만, 제2호, 제4호 또는 제5호에 해당하면 그 지정을 취소하여야 한다.

1. 지정된 후 2년간 기술거래 실적이 없는 경우
2. 거짓이나 그 밖의 부정한 방법으로 지정을 받은 경우
3. 제5항에 따른 통보 의무를 3회 이상 이행하지 아니한 경우
4. 스스로 지정의 취소를 원하는 경우
5. 폐업 등으로 인하여 제2항의 사업을 할 수 없게 된 경우
6. 제1항에 따른 지정 기준에 미달하게 된 경우

④ 정부는 기술거래기관이 제2항 각 호의 사업을 하는 데에 드는

경비를 예산의 범위에서 지원할 수 있다.

⑤ 기술거래기관은 제2항의 사업에 따른 기술거래에 관한 정보를 기술진흥원에 통보하여야 한다.

⑥ 제3항에 따른 지정의 취소절차, 제4항에 따른 정부의 지원, 제5항에 따라 통보하여야 할 기술거래에 관한 정보의 범위 등에 관하여 필요한 사항은 대통령령으로 정한다.

[전문개정 2010. 4. 12.]

제11조(공공연구기관의 기술이전 · 사업화 전담조직) ① 대통령령으로 정하는 공공연구기관의 장은 공공연구기관에 기술이전 · 사업화에 관한 업무를 전담하는 조직(이하 "전담조직"이라 한다)을 설치하여야 한다. 이 경우 「고등교육법」 제3조에 따른 국립학교 및 공립학교(이하 "국공립학교"라 한다)에 설치하는 전담조직은 법인으로 하여야 한다.

② 국공립학교의 전담조직에 관하여는 이 법에서 정한 것을 제외하고는 「민법」 중 재단법인에 관한 규정을 준용한다.

③ 정부는 전담조직을 설치한 공공연구기관에 대하여 그 활동에 필요한 지원을 할 수 있다.

④ 제1항에 따른 전담조직의 설치 · 운영 및 제3항에 따른 지원 등에 필요한 사항은 대통령령으로 정한다.

[전문개정 2010. 4. 12.]

제12조(사업화 전문회사) ① 정부는 민간부문에서의 사업화를 촉진하기 위하여 사업화 지원을 전문적으로 수행하는 회사로서 제12조의2에 따라 지정된 회사(이하 "사업화 전문회사"라 한다)에 대한 육성 · 지원 시책을 마련하여야 한다.

② 정부는 사업화 전문회사에 대하여 사업화 지원에 드는 비용의 전부 또는 일부를 지원할 수 있다.

③ 정부는 사업화 전문회사에 대하여 제15조제1항에 따른 기술이전·사업화 촉진사업에 우선하여 참여하도록 할 수 있다.

[전문개정 2010. 4. 12.]

제12조의2(사업화 전문회사의 지정 및 지정취소) ① 관계중앙행정기관의 장은 다음 각 호의 사업 중 하나 이상의 사업을 하는 회사로서 사업화 지원을 위한 전담인력 및 시설 등 대통령령으로 정하는 기준을 갖춘 회사를 사업화 전문회사로 지정할 수 있다.

1. 사업화 관련 정보의 수집·분석 및 제공

2. 사업화를 촉진하기 위한 기술의 발굴·개발·융합 등의 지원

3. 사업화에 관한 상담 및 자문

4. 사업화에 필요한 자금의 유치 및 투자

② 관계중앙행정기관의 장은 사업화 전문회사가 다음 각 호의 어느 하나에 해당하면 그 지정을 취소할 수 있다. 다만, 제2호, 제4호 또는 제5호에 해당하면 그 지정을 취소하여야 한다.

1. 지정된 후 2년간 대통령령으로 정하는 사업화 지원 실적이 없는 경우

2. 거짓이나 그 밖의 부정한 방법으로 지정을 받은 경우

3. 제12조의3제1항에 따른 통보 의무를 3회 이상 이행하지 아니한 경우

4. 스스로 지정의 취소를 원하는 경우

5. 폐업 등으로 인하여 제1항의 사업을 할 수 없게 된 경우

6. 제1항에 따른 지정 기준에 미달하게 된 경우

[본조신설 2010. 4. 12.]

제12조의3(사업화 지원 실적 등의 통보) ① 사업화 전문회사는 기업의 경영·영업상 비밀의 유지 등 대통령령으로 정하는 특별한 사유가 있는 경우를 제외하고는 사업화 지원 실적 등을 산업통상부장관에게 통보하여야 한다. 〈개정 2013. 3. 23., 2025. 10. 1.〉

② 제1항에 따른 통보 범위 및 절차 등에 관하여 필요한 사항은 대통령령으로 정한다.

[본조신설 2010. 4. 12.]

제13조(기술이전·사업화 전문인력의 양성 및 지원) ① 정부는 기술이전·사업화 및 기술평가에 필요한 인력 수요를 충족하기 위하여 기술평가·기술경영 및 기술계약 등(이하 이 조에서 “기술평가등”이라 한다)에 관한 전문인력(이하 “전문인력”이라 한다)을 양성하여야 한다.

② 정부는 전문인력을 양성하기 위하여 관련 기관에 교육 설비의 확보, 교재 개발과 교육 시행 등에 드는 비용의 전부 또는 일부를 지원할 수 있다.

③ 정부는 전문인력을 양성하기 위하여 관련 법률에서 정하는 바에 따라 국가자격제도를 도입하거나 「고등교육법」 제2조에 따른 학교가 같은 법 제21조에 따라 그 교육과정에 기술평가등에 관한 내용을 포함할 수 있도록 하는 등 필요한 시책을 마련하여야 한다.

④ 제2항의 지원과 제3항의 시책에 관하여 필요한 사항은 대통령령으로 정한다.

[전문개정 2010. 4. 12.]

제14조(기술거래사의 등록ㆍ육성 및 지원) ① 기술이전ㆍ사업화에 관한 전문지식이 있는 사람은 산업통상부장관에게 기술거래사로 등록할 수 있다. 〈개정 2013. 3. 23., 2025. 10. 1.〉

② 제1항에 따라 기술거래사로 등록하려는 사람은 대통령령으로 정하는 기술거래의 경력 및 자격 등의 기준을 갖추어 대통령령으로 정하는 교육을 받아야 한다.

③ 제1항에 따라 등록한 사람은 기술이전ㆍ사업화에 관한 전문적인 상담ㆍ자문ㆍ지도 업무 및 기술이전의 중개ㆍ알선 등 기술의 거래 등을 지원하는 업무를 수행한다.

④ 산업통상부장관은 기술거래사가 다음 각 호의 어느 하나에 해당하면 그 등록을 취소할 수 있다. 다만, 제1호에 해당하면 그 등록을 취소하여야 한다. 〈개정 2013. 3. 23., 2025. 10. 1.〉

1. 거짓이나 그 밖의 부정한 방법으로 등록을 한 경우

2. 거짓이나 그 밖의 부정한 방법으로 제3항에 따른 업무를 수행한 경우

3. 다른 사람으로 하여금 자기의 등록 명의를 사용하게 한 경우

⑤ 산업통상부장관은 기술거래사에게 기술거래 업무의 수행에 필요한 정보 제공 및 교육 등 필요한 지원을 할 수 있다. 〈개정 2013. 3. 23., 2025. 10. 1.〉

[전문개정 2010. 4. 12.]

제4장 기술이전ㆍ사업화의 촉진

제15조(기술이전·사업화 촉진사업의 추진) ① 정부는 기술이전·사업화의 지원, 사업화와 연계된 기술개발의 지원 등 기술이전·사업화 촉진사업을 추진하여야 한다.

② 관계중앙행정기관의 장은 소관 분야에 관한 국가 연구개발사업 관련 자금의 집행계획에 기술이전·사업화 촉진사업을 포함시켜야 한다.

③ 관계중앙행정기관의 장은 기술이전·사업화 촉진사업을 효율적으로 추진하기 위하여 필요하다고 인정하는 경우에는 대통령령으로 정하는 기관으로 하여금 기술이전·사업화 촉진사업의 기획·관리 및 평가에 관한 업무를 대행하게 할 수 있다. 이 경우 관계중앙행정기관의 장은 그 업무를 수행하는 데 드는 비용의 전부 또는 일부를 출연하거나 지원할 수 있다.

④ 기술이전·사업화 촉진사업을 추진하는 경우 그 촉진사업의 관리 등에 필요한 사항은 대통령령으로 정한다.

[전문개정 2010. 4. 12.]

제15조의2(기술이전·사업화 촉진사업의 수행기관) ① 산업통상부장관은 기술이전·사업화 촉진사업을 효율적으로 추진하기 위하여 기술진흥원으로 하여금 다음 각 호의 사업을 하게 할 수 있다. 〈개정 2012. 1. 26., 2013. 3. 23., 2025. 10. 1.〉

1. 상설 기술거래시장의 개설·운영 등 기술이전을 위한 중개·알선 지원

2. 기술이전·기술평가 관련 정보의 수집·분석·평가 및 제공

3. 기술에 대한 투자

4. 기술거래기관, 전담조직 및 제35조에 따른 기술평가기관 등과의 연계체제 구축

5. 제14조에 따른 기술거래사에 대한 지원 및 관리

6. 기술평가 및 기술평가 기법의 개발 · 보급

7. 기술이전 · 평가 및 사업화를 위한 전문인력 양성

8. 기술이전 · 사업화에 관한 통계조사 · 연구

9. 기술신탁관리에 관한 사업

10. 기술의 매입 및 매입하거나 신탁받은 기술의 추가 개발

11. 유동화증권의 매입 등 기술자산유동화사업의 추진

12. 기술등의 기부채납에 관한 사업

13. 그 밖에 기술이전 · 사업화 촉진을 위하여 필요한 사업으로서 대통령령으로 정하는 사업

② 다음 각 호의 어느 하나에 해당하는 자는 기술진흥원의 기술이전 · 사업화 촉진사업의 추진에 필요한 비용의 일부를 출연하거나 지원할 수 있다.

1. 국가 및 지방자치단체

2. 공공기관(정부의 출자지분이 있는 공공기관은 제외한다)

3. 「민법」에 따라 설립된 비영리법인

4. 기술이전 · 사업화 관련 사업자단체

5. 기술이전 · 사업화 관련 법인 또는 단체로서 대통령령으로 정하는 자

③ 제2항에 따른 비용의 출연 또는 지원에 필요한 사항은 대통령령으로 정한다.

[본조신설 2010. 4. 12.]

제16조(국제 기술이전·사업화의 촉진) ① 정부는 정부·기업·대학·연구소 및 단체 등이 국제기구 또는 외국의 정부·기업·대학·연구소 및 단체 등과의 상호 기술이전·사업화에 관한 국제협력을 촉진하기 위한 시책을 마련하여야 한다.

② 관계중앙행정기관의 장은 기술이전·사업화에 관한 국제협력을 촉진하기 위하여 다음 각 호의 사업을 추진할 수 있다.

1. 기술이전·사업화에 관한 국제협력을 위한 조사·연구
2. 기술이전·사업화와 관련된 전문인력 및 정보의 교류
3. 외국의 기술이전·사업화 지원기관 등과의 협력체계 구축
4. 국내 기술의 수출 또는 국외 기술의 도입 촉진
5. 국내외 기업 간 합작법인의 설립 지원
6. 그 밖에 기술이전·사업화에 관한 국제협력을 촉진하기 위하여 대통령령으로 정하는 사업

[전문개정 2010. 4. 12.]

제17조(지방자치단체의 기술이전·사업화 촉진사업에 대한 지원) ① 정부는 지방자치단체와 공동으로 기술이전·사업화 촉진사업을 추진할 수 있다. 이 경우 정부는 지방자치단체에 필요한 비용을 지원할 수 있다.

② 제1항에 따른 지방자치단체의 기술이전·사업화 촉진사업에는 다음 각 호의 사항이 포함된다.

1. 기업의 기술이전 촉진사업
2. 기술의 사업화를 촉진하기 위한 기술보호·육성사업

3. 기술의 사업화를 위한 전용단지 조성사업

③ 정부는 지방자치단체가 기술이전·사업화를 촉진하기 위하여 해당 지역의 공공연구기관, 기술거래기관 및 사업화 전문회사 등 그 지역의 기술이전·사업화를 지원하는 기관으로 협의회를 구성하는 경우에는 그 협의회를 지원할 수 있다.

[전문개정 2010. 4. 12.]

제18조(기술보호·육성사업의 실시) ① 정부는 사업화를 촉진하기 위하여 사업화의 가능성이 있는 기술을 보유한 기업에 대하여 자금, 인력, 정보, 설비 및 기술지도 등을 지원하는 기술보호·육성사업을 실시할 수 있다.

② 제1항에 따른 기술보호·육성사업의 대상·방법 등에 관하여 필요한 사항은 대통령령으로 정한다.

[전문개정 2010. 4. 12.]

제19조(공공기술의 이전·사업화 촉진) ① 정부는 공공기술을 민간부문에 이전할 때에는 공정하고 질서 있는 거래행위가 이루어질 수 있도록 절차와 방법을 마련하여야 한다.

② 공공연구기관의 장은 해당 기관의 연구자가 개발한 기술의 이전으로 발생하는 기술료의 일정 부분을 연구자와 공공연구기관 소속 임직원 중에서 기술이전에 기여한 사람으로서 대통령령으로 정하는 사람에게 적정하게 배분하여야 한다

③ 정부는 다음 각 호의 어느 하나에 해당하는 자가 공공기술의 사업화를 추진하는 경우 필요한 인력, 설비 및 비용 등을 지원할 수 있다. 〈개정 2012. 1. 26., 2024. 1. 9.〉

1. 기술지주회사 및 제21조의4에 따른 출자회사

2. 「연구개발특구의 육성에 관한 특별법」 제2조제6호에 따른 연구소기업

3. 「벤처기업육성에 관한 특별법」 제2조제8항에 따른 신기술창업전문회사

4. 「산업교육진흥 및 산학협력촉진에 관한 법률」 제2조제6호 및 제7호에 따른 산학협력기술지주회사 및 자회사(子會社)

5. 그 밖에 대통령령으로 정하는 자

④ 제2항에 따른 기술료의 적정 배분에 관한 기준·방법과 그 밖에 필요한 사항은 대통령령으로 정한다.

[전문개정 2010. 4. 12.]

제20조(민간기술의 이전·사업화) ① 정부는 공공기술 외의 기술(이하 이 조에서 "민간기술"이라 한다)의 이전이 민간기업 간에 원활하게 이루어지도록 하기 위하여 기술공급자와 기술수요자 간에 민간기술의 매매를 통한 기술거래행위가 이루어지는 기술시장을 활성화하기 위한 방안을 마련하여야 한다.

② 정부는 민간기술의 이전·사업화를 촉진하기 위하여 금융지원 등 필요한 지원 방안을 마련하여야 한다.

[전문개정 2010. 4. 12.]

제21조(공공기술의 이전·사업화의 촉진에 관한 규정) ① 공공연구기관의 장은 공공기술의 이전·사업화의 촉진에 관한 규정을 제정하여 운영하여야 한다.

② 제1항에 따른 규정에 포함되어야 하는 사항은 대통령령으로

정한다.

[전문개정 2010. 4. 12.]

제21조의2(기술등의 기부채납) ① 다음 각 호에 해당하는 자는 기술등을 국가에 기부채납(寄附採納)할 수 있다.

1. 공공연구기관

2. 「산업교육진흥 및 산학협력촉진에 관한 법률」 제25조에 따른 산학협력단

3. 민간기업

② 산업통상부장관은 「국유재산법」 제8조에도 불구하고 제1항에 따라 기부채납된 기술등을 관리·처분[현물출자(現物出資)는 제외한다]한다. 〈개정 2013. 3. 23., 2025. 10. 1.〉

③ 제1항에 따라 기부채납된 기술등의 이전 및 사업화로 기술료 등 수익이 발생하는 경우 기부채납을 한 자 또는 그 기술등의 개발자에게 보상할 수 있다.

④ 제2항에 따른 기술등의 관리·처분 등에 필요한 사항 및 제3항에 따른 보상의 기준·방법 등에 관한 사항은 대통령령으로 정한다.

[본조신설 2010. 4. 12.]

제21조의3(기술지주회사의 설립) ① 공공연구기관은 단독으로 또는 다른 공공연구기관과 함께 기술지주회사를 설립할 수 있다.

② 기술지주회사는 다음 각 호의 요건을 갖추어야 한다. 〈개정 2021. 9. 24.〉

1. 「상법」에 따른 주식회사일 것

2. 임원이 「국가공무원법」 제33조 각 호에 따른 결격사유에 해당

하지 아니할 것

3. 보유인력과 보유시설이 대통령령으로 정하는 기준 이상일 것

4. 보유기술이 「기후위기 대응을 위한 탄소중립·녹색성장 기본법」 제2조제16호에 따른 녹색기술 또는 「산업발전법」 제5조제1항에 따른 첨단기술에 해당할 것

③ 제1항에 따라 기술지주회사를 설립하는 경우 공공연구기관은 대통령령으로 정하는 바에 따라 산업통상부장관에게 등록하여야 한다. 〈개정 2013. 3. 23., 2025. 10. 1.〉

④ 공공연구기관은 해당 기관이 설립한 기술지주회사의 발행주식 총수의 100분의 50을 초과하여 보유하여야 한다. 이 경우 공공연구기관은 주식을 보유하는 데 있어 정부의 출연금을 사용할 수 있다.

⑤ 공공연구기관은 기술지주회사에 기술등을 현물출자하거나 이전할 수 있다.

⑥ 공공연구기관이 기술등을 현물출자하는 경우에는 제23조를 준용한다.

[본조신설 2010. 4. 12.]

제21조의4(출자회사의 설립 등) ① 기술지주회사는 보유한 기술을 활용하여 직접 출자회사를 설립하거나 제3의 회사의 주식 또는 지분을 인수하여 출자회사로 편입할 수 있다.

② 기술지주회사는 대통령령으로 정하는 기간 동안은 출자회사 주식의 100분의 20 이상을 보유하여야 한다. 다만, 지분 양도 등 대통령령으로 정하는 사유가 있는 경우는 그러하지 아니하다.

③ 기술지주회사가 출자회사에 기술등을 현물출자하는 경우에는

제23조를 준용한다. 기술지주회사가 제21조의3제5항에 따라 현물출자받은 기술등을 대통령령으로 정하는 기간 내에 다시 출자회사에 현물출자하는 경우에는 현물출자받을 당시의 가치평가결과를 원용하여 법원에 보고할 수 있다.

[본조신설 2010. 4. 12.]

제21조의5(기술지주회사의 업무) 기술지주회사는 다음 각 호의 업무를 한다.

1. 공공연구기관이나 해당 기관이 설립한 기술지주회사나 출자회사가 보유한 기술이전·사업화

2. 제1호에 따른 기술이전·사업화를 위한 출자회사의 설립 또는 출자회사 주식의 인수

3. 출자회사에 대한 기술보육, 창업보육, 그 밖의 기술 및 경영 자문

4. 출자회사에 대한 직접 또는 집합투자기구(관계 법령에 따른 투자기구를 포함한다. 이하 같다)를 통한 투자 또는 투자의 유치

5. 출자회사의 설립 또는 운영을 목적으로 하는 집합투자기구의 결성 또는 운용

6. 제1호부터 제5호까지의 규정에 부수되는 사업으로 대통령령으로 정하는 사업

[본조신설 2010. 4. 12.]

제21조의6(기술지주회사의 등록취소) 산업통상부장관은 기술지주회사가 다음 각 호의 하나에 해당하면 그 등록을 취소할 수 있다. 다만, 제1호에 해당하면 그 등록을 취소하여야 한다. <개정 2013. 3.

23., 2025. 10. 1.〉

1. 거짓이나 그 밖의 부정한 방법으로 등록한 경우

2. 제21조의3제2항에 따른 등록요건 또는 같은 조 제4항에 맞지 아니하게 된 경우

3. 제21조의5 각 호에 해당하는 업무 이외의 업무를 한 경우

[본조신설 2010. 4. 12.]

제21조의7(기술지주회사의 운영 등) ① 공공연구기관은 기술지주회사에 대한 투자로 발생한 배당금·수익금과 잉여금 등을 공공연구기관의 고유목적사업이나 연구개발 또는 해당 기술지주회사에 대한 재투자, 기술이전·사업화의 추진 등에 사용하여야 한다. 〈개정 2025. 1. 21.〉

② 제1항에 따른 세부사항 및 그 밖에 기술지주회사의 운영과 관련하여 필요한 사항은 대통령령으로 정한다. 〈개정 2025. 1. 21.〉

[본조신설 2010. 4. 12.]

제22조(연구개발 성과의 권리화 지원) ① 정부는 연구개발 성과가 신속하게 권리화되어 기술 수요자에게 이전될 수 있도록 특허 등 지식재산권의 확보·유지 및 관리를 위한 시책을 마련하여야 하며, 지식재산권의 확보·유지 및 관리에 필요한 지원을 할 수 있다.

② 정부는 제7조제2항에 따라 보유 기술의 내용 등을 기술진흥원에 등록한 자에게 그 기술에 대한 지식재산권을 확보·유지하는 데 필요한 비용의 일부를 지원할 수 있다.

[전문개정 2010. 4. 12.]

제23조(기술의 현물출자 등에 대한 특례) ① 기술을 기업에 현물출

자하려는 자가 기술진흥원 또는 제35조에 따른 기술평가기관(이하 "기술진흥원등"이라 한다)의 평가를 받은 경우 그 평가 내용은 「상법」 제299조의2 또는 제422조에 따라 공인된 감정인이 감정한 것으로 본다.

② 제1항의 경우 기술진흥원등의 기술평가를 담당하는 자는 「상법」 제625조, 제630조 및 제635조를 적용할 때에는 감정인으로 본다.

③ 「자본시장과 금융투자업에 관한 법률」 제9조제15항제3호에 따른 주권상장법인이 같은 법 제165조의4의 합병 등에 따른 합병가액 등을 산정하기 위하여 기술진흥원등의 기술평가를 받은 경우에는 같은 조에 따른 기준으로 평가한 것으로 본다.

[전문개정 2010. 4. 12.]

제24조(공공연구개발 성과의 귀속 등) ① 국가, 지방자치단체 또는 공공기관은 연구개발에 드는 경비를 지원하여 획득한 성과에 대하여 특허 등 지식재산권을 확보하려는 노력을 하여야 한다.

② 국가, 지방자치단체 또는 공공기관은 제1항에 따라 지식재산권을 확보하려는 경우 그 연구개발에 참여한 기관ㆍ기업(국공립학교인 경우에는 제11조제1항 후단에 따른 전담조직을 말하며, 이하 이 조에서 "참여기관등"이라 한다) 및 연구자의 권익을 보장하여야 한다.

③ 국가, 지방자치단체 또는 공공기관은 그가 추진하거나 지원하는 연구개발사업에서 생성된 성과에 대통령령으로 정하는 바에 따라 그 활용에 관한 조건을 붙여 이를 참여기관등에 귀속시킬 수 있다.

④ 공공연구기관은 제3항에 따라 귀속된 공공기술을 직접 이용하

거나 관련 법률에 따라 이용이 제한되는 등 특별한 사유가 있는 경우를 제외하고는 기업 등이 이용할 수 있도록 노력하여야 한다. 이 경우 공공연구기관은 공공기술을 이용하게 할 때 필요한 조건을 붙일 수 있으며, 해당 공공기술의 사업화로 수익이 발생할 때까지 징수를 유예하거나 수익에 비례하여 나누어 납부 또는 일정 금액을 납부하게 하는 등 당사자 간 합의하여 정하는 방법에 따라 중소기업 등 공공기술의 이용자로부터 기술료를 징수할 수 있다. 〈개정 2017. 3. 21.〉

⑤ 공공연구기관은 제4항에 따라 공공기술의 이용을 허락하려는 경우에는 공공기술을 이용하려는 기업 등에 대하여 균등한 기회를 보장하여야 한다. 다만, 공공기술의 개발에 투자한 기업 등에 대하여는 대통령령으로 정하는 기간 동안 우선권을 부여할 수 있다.

⑥ 국공립학교의 전담조직은 제3항에 따라 그 전담조직에 귀속된 공공기술의 이용으로 발생한 기술료를 국공립학교의 장과 협의하여 다음 각 호의 용도에 사용할 수 있다.

1. 연구자에 대한 보상금
2. 연구개발
3. 기술이전 · 사업화
4. 지식재산권의 출원 · 등록 및 관련 업무
5. 전담조직의 운영
6. 그 밖에 대통령령으로 정하는 용도

⑦ 제3항에 따라 참여기관등에 귀속된 공공기술의 관리, 제4항에 따른 공공기술의 이용 절차 · 조건 및 기술료의 징수, 제5항에 따른

우선권, 제6항에 따른 기술료의 사용에 관하여 필요한 사항은 대통령령으로 정한다.

[전문개정 2010. 4. 12.]

제25조(예산을 절감한 자에 대한 장려금 지급) ① 정부는 사업화를 촉진하기 위하여 사업화 대상 기술을 적용하여 해당 사업에 배정된 예산을 절감하는 경우에는 절감된 예산의 일정액을 예산을 절감한 자에게 장려금으로 지급할 수 있다.

② 제1항에 따른 장려금의 지급 기준 및 방법 등에 관한 세부 사항은 대통령령으로 정한다.

[전문개정 2010. 4. 12.]

제25조의2(공공연구자창업 활성화 촉진) 정부는 공공기술을 활용한 연구자등의 창업 활성화를 위하여 창업 자금, 인력, 정보, 설비 및 기술지도 등을 지원하는 시책을 마련할 수 있다.

[본조신설 2025. 1. 21.]

제25조의3(공공연구기관 소속 연구자등의 창업 지원 등) ① 공공연구기관 소속 연구자등은 단독으로 또는 다른 연구자등과 공동으로 창업을 할 수 있다. 다만, 해당 공공연구기관의 장은 다음 각 호의 경우에 소속 연구자등의 창업을 제한할 수 있다.

1. 거짓이나 부정한 방법으로 창업을 하거나 창업을 하려는 경우
2. 소속 공공연구기관에 현저한 손해를 끼칠 우려가 있는 경우
3. 그 밖에 부정한 이익을 얻을 목적이 명백한 경우

② 공공연구기관은 창업자, 예비창업자 및 창업기업에 대하여 기술, 자금 등을 지원하거나 출자할 수 있다. 다만, 다른 법령에 특별

한 규정이 있는 경우에는 그러하지 아니한다.

③ 공공연구기관의 장은 그 용도나 목적에 장애가 되지 아니하는 범위에서 창업기업에 공공연구기관이 보유한 시설ㆍ장비ㆍ정보 등의 사용을 허락하여야 한다. 이때 해당 공공연구기관의 내부 규정에 따라 사용료 등을 징수할 수 있다.

④ 공공연구기관 소속 연구자등은 창업기업의 주식을 취득할 수 있다. 다만, 공공연구기관의 장은 이해충돌을 방지하기 위한 절차 및 방법을 마련하여야 한다.

⑤ 공공연구기관의 장은 연구자등의 창업을 촉진하기 위하여 필요한 규정을 제정하여 운영하여야 한다.

⑥ 연구자등의 창업기업 근무를 위한 휴직ㆍ겸임ㆍ겸직, 창업기업의 주식 취득ㆍ처분, 창업기업에 대한 지원ㆍ출자, 시설ㆍ장비ㆍ정보의 사용 등 제5항에 포함되어야 하는 사항은 대통령령으로 정한다.

[본조신설 2025. 1. 21.]

제25조의4(공공연구기관 소속 연구자등의 휴직ㆍ겸임ㆍ겸직 허용 등) ① 공공연구기관의 연구자등은 「교육공무원법」 제44조제1항, 「국가공무원법」 제71조제2항, 「지방공무원법」 제63조제2항 및 「사립학교법」 제59조제1항에도 불구하고 그 소속 기관의 장의 허가를 받아 기술지주회사, 출자회사 또는 창업기업의 임직원으로 근무하기 위하여 7년 이내의 범위에서 휴직할 수 있다.

② 공공연구기관의 연구자등은 「교육공무원법」 제18조제1항, 제19조의2제1항, 「국가공무원법」 제32조의3, 제64조제1항, 「지방공무원법」 제30조의3, 제56조제1항 및 「사립학교법」 제55조제1항에도

불구하고 그 소속 기관의 장의 허가를 받아 기술지주회사, 출자회사 또는 창업기업의 임직원을 겸임하거나 겸직할 수 있다.

③ 공공연구기관의 장은 다음 각 호의 어느 하나에 해당하는 경우를 제외하고는 내부 규정에 따라 휴직·겸임·겸직에 대한 허가를 할 수 있다.

1. 소속 기관에 현저한 손해를 끼칠 우려가 있는 경우
2. 그 밖에 부정한 이익을 얻을 목적임이 명백한 경우

④ 제1항 및 제2항에 따라 휴직·겸임·겸직의 허가를 받은 사람은 이로 인하여 신분상 불이익을 받지 아니한다.

[본조신설 2025. 1. 21.]

제5장 기술이전·사업화에 대한 금융지원 등

제26조(사업화를 위한 금융지원) 정부는 「중소기업기본법」 제2조제1항에 따른 중소기업(이하 "중소기업"이라 한다) 및 「중견기업 성장촉진 및 경쟁력 강화에 관한 특별법」 제2조제1호에 따른 중견기업이 사업화를 조기에 달성할 수 있도록 투자·융자 등의 금융지원을 위한 기반을 마련하여야 한다. 〈개정 2020. 10. 20.〉

[전문개정 2010. 4. 12.]

제27조(기술자산유동화 촉진사업의 실시) ① 관계중앙행정기관의 장은 다음 각 호의 자금으로 기술자산유동화를 촉진하기 위한 사업(이하 이 조에서 "기술자산유동화 촉진사업"이라 한다)을 실시할 수 있다.

1. 정부예산

2. 과학기술진흥, 중소기업육성 등과 관련된 기금 중 대통령령으로 정하는 기금

② 관계중앙행정기관의 장은 제1항 각 호의 자금을 다음 각 호의 용도에 사용할 수 있다.

1. 기술자산유동화 과정에서 발생하는 손실의 전부 또는 일부의 보전(補塡)

2. 기술평가비용 등 기술자산유동화 촉진사업에 드는 비용의 지출

3. 그 밖에 기술자산유동화 촉진사업의 실시를 위하여 대통령령으로 정하는 용도

③ 제1항과 제2항에서 규정한 사항 외에 기술자산유동화 촉진사업의 실시에 필요한 사항은 대통령령으로 정한다.

[전문개정 2010. 4. 12.]

제28조(기술담보대출 촉진사업의 실시) ① 관계중앙행정기관의 장은 사업화를 촉진하기 위하여 기술을 담보로 한 대출을 촉진하기 위한 사업(이하 "기술담보대출 촉진사업"이라 한다)을 예산의 범위에서 실시할 수 있다. 이 경우 관계중앙행정기관의 장은 기술을 담보로 한 대출에 따른 손실의 전부 또는 일부를 보전할 수 있다.

② 제1항에서 규정한 사항 외에 기술담보대출 촉진사업의 실시에 필요한 사항은 대통령령으로 정한다.

[전문개정 2010. 4. 12.]

제29조(기술이전·사업화 추진비용의 지원) ① 정부는 기술이전·사업화를 추진하는 데에 드는 사업비를 충당하게 하기 위하여 다음 각 호의 어느 하나에 해당하는 자에게 재정지원을 할 수 있다.

1. 공공연구기관, 기술진흥원, 기술거래기관, 사업화 전문회사 및 제35조에 따른 기술평가기관

2. 제1호의 기관의 기술이전 · 사업화에 참여하는 기업

② 제1항에 따른 재정지원금의 사용 및 관리 등에 필요한 사항은 대통령령으로 정한다.

[전문개정 2010. 4. 12.]

제30조(국유재산의 대부 등) ① 정부는 기술이전 · 사업화의 추진을 위하여 필요한 경우에는 기술이전 · 사업화에 참여하는 기관에 「국유재산법」 및 「물품관리법」에도 불구하고 국유재산을 유상 또는 무상으로 대부 · 양여하거나 사용 · 수익하게 할 수 있다.

② 제1항에 따른 대부 · 양여 및 사용 · 수익의 조건과 절차 등에 관하여 필요한 사항은 대통령령으로 정한다.

[전문개정 2010. 4. 12.]

제31조(지식재산권 등의 무상 양여) ① 정부는 산업발전을 위하여 특히 필요한 경우에는 「국유재산법」에도 불구하고 대통령령으로 정하는 바에 따라 연구개발 성과로서 국가에 귀속된 지식재산권의 실시권자에 대하여 실시료의 전부 또는 일부를 면제하거나 그 연구개발 과제의 연구개발자와 그 연구개발사업의 투자자에 대하여 그 지식재산권을 무상으로 양여할 수 있다.

② 정부는 산업발전을 위하여 특별히 필요한 경우에는 「물품관리법」에도 불구하고 대통령령으로 정하는 바에 따라 연구개발 과제의 연구자 및 참여기업에 그 연구개발에 사용된 것으로서 국가에 귀속된 연구기기 · 설비 및 시험제품 등을 무상으로 양여할 수 있다.

[전문개정 2010. 4. 12.]

제6장 기술평가체제의 확립

제32조(기술평가의 활성화) 정부는 기술평가의 활성화를 위하여 신뢰성 있는 기술평가를 할 수 있는 기관과 인력을 육성하는 등 필요한 시책을 마련하여야 한다.

[전문개정 2010. 4. 12.]

제33조(연구개발사업의 경제성평가 실시) 정부는 연구개발사업 성과의 이전 및 사업화를 촉진하기 위하여 연구개발사업이 유발할 경제적 효과 등을 평가하는 경제성평가를 실시할 수 있다.

제34조(기술평가 기법의 개발 및 보급) ① 정부는 객관적이고 전문적인 기술평가시장을 조성하기 위하여 기술진흥원등으로 하여금 기술평가 기법을 개발하게 하여야 한다. 이 경우 정부는 기술평가 기법의 개발에 필요한 지원을 할 수 있다.

② 정부는 제1항에 따라 개발된 기술평가 기법을 공공연구기관, 금융회사 및 기업 등에 보급하여 그 활용을 촉진하여야 한다.

[전문개정 2010. 4. 12.]

제35조(기술평가기관의 지정 등) ① 관계중앙행정기관의 장은 기술이전·사업화의 촉진을 위하여 기술평가를 위한 전담인력 및 관리조직 등 대통령령으로 정하는 기준을 갖춘 기관을 기술평가기관으로 지정할 수 있다.

② 제1항에 따라 지정을 받은 기술평가기관(이하 "기술평가기관"이라 한다)은 다음 각 호의 사업을 한다.

1. 기술평가

2. 기술평가 수요의 조사 및 분석

3. 기술평가정보의 수집 · 분석 · 유통 및 관련 정보망 구축

4. 기술평가정보의 공동 활용 및 확산을 위한 사업

③ 관계중앙행정기관의 장은 기술평가기관이 다음 각 호의 어느 하나에 해당하면 그 지정을 취소할 수 있다. 다만, 제2호, 제4호 또는 제5호에 해당하면 그 지정을 취소하여야 한다.

1. 지정된 후 연간 기술평가 실적이 대통령령으로 정하는 건수 이하인 경우

2. 거짓이나 그 밖의 부정한 방법으로 지정을 받은 경우

3. 제4항에 따른 통보의무를 3회 이상 이행하지 아니한 경우

4. 스스로 지정의 취소를 원하는 경우

5. 폐업 등으로 인하여 제2항의 사업을 할 수 없게 된 경우

6. 제1항에 따른 지정 기준에 미달하게 된 경우

④ 기술평가기관은 기업의 경영 · 경업상 비밀의 유지 등 대통령령으로 정하는 특별한 사유가 있는 경우를 제외하고는 제2항제1호 · 제3호 및 제4호에 따른 기술평가정보를 산업통상부장관에게 통보하여야 한다. 〈개정 2013. 3. 23., 2025. 10. 1.〉

⑤ 산업통상부장관은 제4항에 따라 통보받은 기술평가정보가 기술평가기관 간에 공유될 수 있고, 기술이전 · 사업화의 촉진을 위하여 활용될 수 있도록 그 기술평가정보를 관리하여야 한다. 〈개정 2013. 3. 23., 2025. 10. 1.〉

⑥ 제1항에 따른 지정절차, 제3항에 따른 지정취소의 절차, 제4

항에 따른 통보의 범위 및 제5항에 따른 기술평가정보의 관리 방안 등에 관하여 필요한 사항은 대통령령으로 정한다.

[전문개정 2010. 4. 12.]

제6장의2 기술신탁관리업 〈개정 2010. 4. 12.〉

제35조의2(기술신탁관리업의 허가 등) ① 기술신탁관리업을 하려는 자는 대통령령으로 정하는 바에 따라 산업통상부장관의 허가를 받아야 한다. 다만, 「자본시장과 금융투자업에 관한 법률」 제12조에 따라 인가를 받은 경우에는 그러하지 아니하다. 〈개정 2012. 1. 26., 2013. 3. 23., 2025. 10. 1.〉

1. 삭제 〈2012. 1. 26.〉
2. 삭제 〈2012. 1. 26.〉
3. 삭제 〈2012. 1. 26.〉

② 산업통상부장관은 다음 각 호의 어느 하나에 해당하는 경우를 제외하고는 제1항에 따른 기술신탁관리업의 허가를 하여야 한다. 〈신설 2012. 1. 26., 2013. 3. 23., 2014. 1. 21., 2018. 4. 17., 2025. 10. 1.〉

1. 영리를 목적으로 하는 법인·기관 또는 단체인 경우
2. 산업통상부령으로 정하는 인력, 조직 및 기술능력 등을 갖추지 못한 경우
3. 법인·기관 또는 단체의 임원 또는 대표자가 다음 각 목의 어느 하나에 해당하는 경우

가. 피성년후견인

나. 파산선고를 받고 복권되지 아니한 사람

다. 금고 이상의 실형을 선고받고 그 집행이 끝나거나(집행이 끝난 것으로 보는 경우를 포함한다) 면제된 날부터 1년이 지나지 아니한 사람

라. 금고 이상의 형의 집행유예를 선고받고 그 유예기간 중에 있는 사람

마. 벌금형을 선고받고 1년이 지나지 아니한 사람

4. 대한민국에 주소를 두지 아니한 법인·기관 또는 단체인 경우

5. 제35조의7에 따라 허가가 취소(제3호가목 또는 나목에 해당하여 허가가 취소된 경우는 제외한다)된 후 3년이 지나지 아니한 경우

③ 산업통상부장관은 제1항에 따라 기술신탁관리업을 허가하려는 경우에는 미리 금융위원회 위원장과 협의하여야 한다. 이 경우 금융위원회 위원장은 협의를 요청받은 날부터 근무일을 기준으로 하여 5일 이내에 의견을 회신하여야 한다. 〈개정 2012. 1. 26., 2013. 3. 23., 2025. 10. 1.〉

④ 산업통상부장관은 제1항에 따른 기술신탁관리업의 허가 신청을 받은 날부터 근무일을 기준으로 하여 20일 이내에 허가 여부 또는 허가 처리 지연사유를 통지하여야 한다. 이 경우 그 기한 내에 허가 여부 또는 허가 처리 지연사유를 통지하지 아니한 경우에는 그 기한이 지난 날의 다음 날에 허가를 한 것으로 본다. 〈신설 2012. 1. 26., 2013. 3. 23., 2025. 10. 1.〉

⑤ 산업통상부장관은 제4항에 따라 허가 처리 지연사유를 통지하는 경우에는 제4항의 허가 처리 기간을 10일 이내에서 연장할 수

있다. 〈신설 2012. 1. 26., 2013. 3. 23., 2025. 10. 1.〉

⑥ 제1항에 따라 기술신탁관리업의 허가를 받은 자(이하 "기술신탁관리기관"이라 한다)는 그 업무에 관하여 기술등의 위탁자, 이용자, 그 밖에 해당 기술등의 이전 및 사업화와 관련된 자(이하 "기술위탁자등"이라 한다)로부터 수수료를 받을 수 있다. 〈개정 2012. 1. 26.〉

⑦ 제6항에 따른 수수료의 요율(料率) 또는 금액은 기술신탁관리기관이 산업통상부장관의 승인을 받아 정한다. 이 경우 산업통상부장관은 적용기간을 조건으로 붙여 승인할 수 있다. 〈개정 2012. 1. 26., 2013. 3. 23., 2025. 10. 1.〉

⑧ 제7항에 따른 수수료의 기준, 지급방식 및 승인절차 등에 관하여 필요한 사항은 산업통상부령으로 정한다. 〈개정 2012. 1. 26., 2013. 3. 23., 2025. 10. 1.〉

[전문개정 2010. 4. 12.]

제35조의3(신탁사무의 방법) ① 기술신탁관리기관은 신탁한 기술등에 대하여는 손실의 보전이나 이익의 보장을 하여서는 아니 된다.

② 기술신탁관리기관은 신탁계약기간이 끝난 경우에는 신탁한 기술등의 운용실적에 따라 그 이익 등을 수익자 또는 위탁자에게 지급 또는 반환하여야 한다.

③ 기술신탁관리기관은 기술등의 위탁자가 신탁계약기간이 종료되기 전에 신탁계약을 해지하는 경우에는 신탁한 기술등의 운용실적에서 신탁계약에서 정하고 있는 중도해지 수수료를 빼고 위탁자에게 반환 또는 지급하여야 한다. 다만, 위탁자가 거래의 불편 등을 이유로 신탁계약을 해지하는 등 금융위원회가 정하여 고시하는 사유에

해당하는 경우에는 중도해지 수수료를 빼지 아니한다.

④ 기술신탁관리기관은 기술등의 위탁자에게 신탁계약에서 정하는 바에 따라 신탁보수를 받을 수 있다.

[본조신설 2010. 4. 12.]

[종전 제35조의3은 제35조의5로 이동 〈2010. 4. 12.〉]

제35조의4(신탁사무의 위탁) ① 기술신탁관리기관은 「신탁법」 제37조제1항에도 불구하고 신탁받은 사무를 제3자에게 위탁하는 것이 신탁의 목적에 비추어 타당하고 위탁에 대하여 수익자의 동의를 받은 경우에는 대통령령으로 정하는 신탁사무의 일부를 제3자에게 위탁할 수 있다.

② 기술신탁관리기관이 제1항에 따라 신탁사무를 제3자에게 위탁할 때에는 신탁의 목적에 비추어 해당 사무를 수행하기에 적합한 자(해당 사무를 처리하기 위하여 관계 법령상 일정한 자격이 요구되는 경우에는 그 자격을 갖춘 자에 한정한다)에게 위탁하여야 한다.

③ 기술신탁관리기관이 제1항에 따라 신탁사무를 제3자에게 위탁한 경우에는 그 제3자에 대하여 신탁 목적을 달성하기 위하여 필요한 감독을 하여야 한다.

④ 기술신탁관리기관은 기술등의 위탁자에 대하여 제1항에 따라 신탁사무를 위탁받은 제3자의 선임·관리에 대하여만 책임을 진다.

[본조신설 2010. 4. 12.]

[종전 제35조의4는 제35조의6으로 이동 〈2010. 4. 12.〉]

제35조의5(기술신탁관리기관의 의무) ① 기술신탁관리기관은 그가 관리하는 기술등의 목록을 대통령령으로 정하는 바에 따라 분기별로

작성하여 일반인이 열람할 수 있도록 갖추어 두거나, 인터넷 홈페이지 등을 통하여 공고하여야 한다.

② 기술신탁관리기관은 이용자가 요청하는 경우에는 정당한 사유가 없으면 그가 관리하는 기술등의 기술이전계약을 체결하기 위하여 필요한 정보로서 대통령령으로 정하는 정보를 적절한 기간 이내에 제공하여야 한다.

[전문개정 2010. 4. 12.]

[제35조의3에서 이동, 종전 제35조의5는 제35조의7로 이동 〈2010. 4. 12.〉]

제35조의6(감독) 산업통상부장관은 기술위탁자등을 보호하거나 기술등의 이전 및 사업화를 촉진하기 위하여 기술신탁관리기관에 대하여 전년도의 사업 실적과 해당 연도의 사업계획에 관한 자료 제출 또는 필요한 보고를 하게 하거나 시정명령 등 필요한 명령을 할 수 있다. 〈개정 2013. 3. 23., 2025. 10. 1.〉

[전문개정 2010. 4. 12.]

[제35조의4에서 이동, 종전 제35조의6은 제35조의8로 이동 〈2010. 4. 12.〉]

제35조의7(허가취소 등) ① 산업통상부장관은 기술신탁관리기관이 다음 각 호의 어느 하나에 해당하면 대통령령으로 정하는 바에 따라 허가를 취소하거나 6개월 이내의 기간을 정하여 업무의 정지를 명할 수 있다. 다만, 제1호부터 제3호까지 중 어느 하나에 해당하면 그 허가를 취소하여야 한다. 〈개정 2012. 1. 26., 2013. 3. 23., 2025. 10. 1.〉

1. 거짓이나 그 밖의 부정한 방법으로 제35조의2제1항에 따른 허가를 받은 경우

2. 제35조의2제2항제3호부터 제5호까지의 결격사유에 해당하게 된 경우. 다만, 제35조의2제2항제3호에 해당하게 된 법인·기관 또는 단체가 결격사유가 발생한 날부터 3개월 이내에 그 임원 또는 대표자를 바꾸어 임명하는 경우는 제외한다.

3. 업무정지처분을 받은 후 그 업무정지 기간에 영업을 계속한 경우

4. 제35조의2제7항에 따라 승인받은 범위를 초과하여 수수료를 받은 경우

5. 제35조의5를 위반하여 정당한 사유 없이 기술등의 목록을 비치·공고하지 아니하거나 적절한 기간 이내에 정보를 제공하지 아니한 경우

6. 제35조의6에 따른 자료 제출 또는 보고를 정당한 사유 없이 하지 아니하거나 거짓으로 한 경우

7. 제35조의6에 따른 명령을 받고 정당한 사유 없이 이행하지 아니한 경우

② 제1항에 따른 행정처분의 세부기준은 위반행위의 종류와 위반 정도 등을 고려하여 산업통상부령으로 정한다. 〈개정 2013. 3. 23., 2025. 10. 1.〉

[전문개정 2010. 4. 12.]

[제35조의5에서 이동 〈2010. 4. 12.〉]

제35조의8(과징금처분) ① 산업통상부장관은 기술신탁관리기관이 제

35조의7제1항제4호부터 제7호까지의 규정 중 어느 하나에 해당하여 업무정지처분을 하여야 하는 경우로서 업무정지처분을 하면 공익을 해칠 우려가 있을 때에는 그 업무정지처분을 갈음하여 5천만원 이하의 과징금을 부과·징수할 수 있다. 〈개정 2013. 3. 23., 2025. 10. 1.〉

② 산업통상부장관은 제1항에 따라 과징금 부과처분을 받은 자가 납부기한까지 과징금을 내지 아니하면 국세 체납처분의 예에 따라 징수한다. 〈개정 2013. 3. 23., 2025. 10. 1.〉

③ 제1항에 따라 과징금을 부과하는 위반행위의 종류 및 위반 정도 등에 따른 과징금의 금액과 그 밖에 필요한 사항은 대통령령으로 정한다.

[전문개정 2010. 4. 12.]

[제35조의6에서 이동 〈2010. 4. 12.〉]

제7장 보칙 및 벌칙

제36조(보고와 자료의 제출) 관계중앙행정기관의 장은 제15조에 따른 기술이전·사업화 촉진사업을 추진하기 위하여 필요한 경우에는 그 사업에 참여한 자에게 그 사업에 관한 업무의 보고 또는 자료의 제출을 요구할 수 있다. 이 경우 업무의 보고나 자료의 제출을 요구받은 자는 정당한 사유가 없으면 그 요구에 성실히 따라야 한다.

[전문개정 2010. 4. 12.]

제37조(청문) 관계중앙행정기관의 장은 다음 각 호의 어느 하나에 해당하는 처분을 하려면 청문을 하여야 한다. 〈개정 2012. 1. 26.〉

1. 제10조제3항에 따른 기술거래기관의 지정취소

2. 제12조의2제2항에 따른 사업화 전문회사의 지정취소

3. 제14조제4항에 따른 기술거래사의 등록취소

4. 제21조의6에 따른 기술지주회사의 등록취소

5. 제35조제3항에 따른 기술평가기관의 지정취소

6. 제35조의7제1항에 따른 기술신탁관리업의 허가취소 또는 업무정지

[전문개정 2010. 4. 12.]

[제목개정 2012. 1. 26.]

제38조(비밀 누설의 금지) 기술이전·사업화 촉진에 참여한 자는 기술이전·사업화 촉진에 참여하면서 알게 된 공공연구기관 및 기업의 비밀을 누설하여서는 아니 된다.

제39조(업무의 위탁) 관계중앙행정기관의 장은 대통령령으로 정하는 바에 따라 그 업무의 일부를 기술진흥원의 장, 기술거래기관의 장 및 기술평가기관의 장에게 위탁할 수 있다.

[전문개정 2010. 4. 12.]

제40조(벌칙 적용 시의 공무원 의제) 관계중앙행정기관의 장이 제39조에 따라 위탁한 업무에 종사하는 기술진흥원·기술거래기관 또는 기술평가기관의 임원 및 직원은 「형법」 제129조부터 제132조까지의 규정을 적용할 때에는 공무원으로 본다.

[전문개정 2010. 4. 12.]

제41조(벌칙) ① 제4조제2항 단서에 따라 준용되는 「자본시장과 금융투자업에 관한 법률」 제108조제2호 및 같은 조 제4호부터 제7호

까지의 규정을 위반한 자는 5년 이하의 징역 또는 2억원 이하의 벌금에 처한다. 〈개정 2014. 1. 21.〉

1. 삭제 〈2014. 1. 21.〉

2. 삭제 〈2014. 1. 21.〉

② 제38조를 위반하여 비밀을 누설한 자는 5년 이하의 징역 또는 5천만원 이하의 벌금에 처한다.

③ 제35조의2제1항을 위반하여 허가를 받지 아니하고 기술신탁관리업을 한 자는 3년 이하의 징역 또는 2억원 이하의 벌금에 처한다. 〈신설 2014. 1. 21.〉

④ 다음 각 호의 어느 하나에 해당하는 자는 3년 이하의 징역 또는 1억원 이하의 벌금에 처한다. 〈개정 2014. 1. 21.〉

1. 제4조제2항 단서에 따라 준용되는 「자본시장과 금융투자업에 관한 법률」 제104조제2항을 위반하여 신탁재산을 고유재산으로 취득한 자

2. 제4조제2항 단서에 따라 준용되는 「자본시장과 금융투자업에 관한 법률」 제114조제3항을 위반하여 회계감사를 받지 아니한 자

⑤ 제1항, 제3항 및 제4항에 해당하는 죄를 범한 자에게는 징역과 벌금을 병과(併科)할 수 있다. 〈개정 2014. 1. 21.〉

[전문개정 2010. 4. 12.]

제42조(양벌규정) 법인·기관·단체의 대표자나 법인·기관·단체 또는 개인의 대리인, 사용인, 그 밖의 종업원이 그 법인·기관·단체 또는 개인의 업무에 관하여 제41조제1항·제3항 또는 제4항의 위반행위를 하면 그 행위자를 벌하는 외에 그 법인·기관·단체 또

는 개인에게도 해당 조문의 벌금형을 과(科)한다. 다만, 법인·기관·단체 또는 개인이 그 위반행위를 방지하기 위하여 해당 업무에 관하여 상당한 주의와 감독을 게을리하지 아니한 경우에는 그러하지 아니하다. 〈개정 2014. 1. 21.〉

[전문개정 2010. 4. 12.]

부칙 〈제8108호, 2006. 12. 28.〉

제1조 (시행일) 이 법은 공포 후 6개월이 경과한 날부터 시행한다.

제2조 (경과조치) ①이 법 시행당시 종전의 「기술이전촉진법」 제4조의 규정에 따른 기술이전 및 사업화촉진계획은 이 법 제5조의 규정에 따른 기술이전·사업화 촉진계획으로 본다.

②이 법 시행당시 종전의 「기술이전촉진법」 제5조의 규정에 따른 기술이전및사업화정책심의회 및 그 위원은 이 법 제6조의 규정에 따른 기술이전·사업화정책심의회 및 그 위원으로 본다.

③이 법 시행당시 종전의 「기술이전촉진법」 제8조의 규정에 따른 기술평가전문기관은 이 법 제35조의 규정에 따른 기술평가기관으로 본다.

④이 법 시행당시 종전의 「기술이전촉진법」 제11조의 규정에 따라 한국기술거래소에 등록한 기술거래사는 이 법 제14조의 규정에 따라 산업자원부장관에게 등록한 기술거래사로 본다.

제3조 (다른 법률의 개정) ①국가연구개발사업 등의 성과평가 및 성과관리에 관한 법률 일부를 다음과 같이 개정한다.

제4조제2항 중 "「기술이전촉진법」"을 "「기술의 이전 및 사업화 촉진에 관한 법률」로 한다.

제12조제3항 중 "「기술이전촉진법」 제4조의 규정에 따른 기술이전 및 사업화 촉진계획"을 "「기술의 이전 및 사업화 촉진에 관한 법률」 제5조제1항의 규정에 따른 기술이전·사업화 촉진계획"으로 한다.

제13조제1항 단서 중 "「기술이전촉진법」"을 "「기술의 이전 및 사업화 촉진에 관한 법률」로 한다.

②대·중소기업 상생협력 촉진에 관한 법률 일부를 다음과 같이 개정한다.

제9조제2항 중 "「기술이전촉진법」 제7조제1항의 규정에 의한 기술거래기관"을 "「기술의 이전 및 사업화 촉진에 관한 법률」 제10조의 규정에 따른 기술거래기관"으로 한다.

③대덕연구개발특구등의육성에관한특별법 일부를 다음과 같이 개정한다.

제2조제2호 중 "기술이전촉진법"을 "「기술의 이전 및 사업화 촉진에 관한 법률」"로 한다.

④발명진흥법 일부를 다음과 같이 개정한다.

제8조제2항 단서 중 "「기술이전촉진법」 제9조제1항 후단의"를 "「기술의 이전 및 사업화 촉진에 관한 법률」 제11조제1항 후단의"로 한다.

제24조제2항제2호의3 중 "「기술이전촉진법」 제6조의 규정에 의한"을 "「기술의 이전 및 사업화 촉진에 관한 법률」 제9조의 규정에 따른"으로 한다.

⑤산업기술혁신 촉진법 일부를 다음과 같이 개정한다.

제13조제3항제2호 중 "「기술이전촉진법」 제6조의"를 "「기술의 이

전 및 사업화 촉진에 관한 법률」 제9조의"로 한다.

⑥산업교육진흥및산학협력촉진에관한법률 일부를 다음과 같이 개정한다.

제27조제2항 전단 중 "기술이전촉진법 제9조제1항 및 제3항의 규정에"를 "「기술의 이전 및 사업화 촉진에 관한 법률」 제11조제1항 및 제2항의 규정에"로 하고, 같은 항 후단 중 "기술이전촉진법 제9조의 규정에 의한"을 "「기술의 이전 및 사업화 촉진에 관한 법률」 제11조의 규정에 따른"으로 한다.

⑦산업집적활성화 및 공장설립에 관한 법률 일부를 다음과 같이 개정한다.

제22조의2제1항4호를 다음과 같이 한다.

4. 「기술의 이전 및 사업화 촉진에 관한 법률」 제17조의 규정에 따른 지방자치단체의 기술이전·사업화 촉진사업

제4조 (다른 법률과의 관계) 이 법 시행당시 다른 법률에서 종전의 「기술이전촉진법」 또는 그 규정을 인용한 경우 이 법 중 그에 해당하는 규정이 있는 때에는 종전의 규정에 갈음하여 이 법 또는 이 법의 해당규정을 인용한 것으로 본다.

부칙 〈제8852호, 2008. 2. 29.〉 (정부조직법)

제1조 (시행일) 이 법은 공포한 날부터 시행한다. 다만, ···〈생략〉···, 부칙 제6조에 따라 개정되는 법률 중 이 법의 시행 전에 공포되었으나 시행일이 도래하지 아니한 법률을 개정한 부분은 각각 해당 법률의 시행일부터 시행한다.

제2조 부터 제5조까지 생략

제6조 (다른 법률의 개정) ① 부터 〈340〉 까지 생략

〈341〉 기술의 이전 및 사업화 촉진에 관한 법률 일부를 다음과 같이 개정한다.

제2조제7호 중 "재정경제부, 교육인적자원부, 과학기술부, 산업자원부, 정보통신부"를 "기획재정부, 교육과학기술부, 지식경제부"로 한다.

제6조제1항 중 "산업자원부"를 "지식경제부"로 하고, 같은 조 제3항 각 호 외의 부분 중 "산업자원부장관"을 "지식경제부장관"으로 하며, 같은 항 제2호 중 "과학기술부장관 및 정보통신부장관"을 "교육과학기술부장관"으로 하며, 같은 조 제5항 중 "산업자원부 차관보"를 "지식경제부 소속 공무원 중 장관이 지명하는 자"로 한다.

제5조제2항·제4항 전단, 제8조제2항 전단, 제9조제1항, 제14조제1항·제3항·제4항, 제35조제4항·제5항 중 "산업자원부장관"을 각각 "지식경제부장관"으로 한다.

〈342〉 부터 〈760〉 까지 생략

제7조 생략

부칙 〈제8934호, 2008. 3. 21.〉

이 법은 공포 후 6개월이 경과한 날부터 시행한다.

부칙 〈제9369호, 2009. 1. 30.〉 (산업기술혁신 촉진법)

제1조(시행일) 이 법은 공포 후 3개월이 경과한 날부터 시행한다.

제2조 부터 제7조까지 생략

제8조(다른 법률의 개정) ① 생략

② 기술의 이전 및 사업화 촉진에 관한 법률 일부를 다음과 같이 개정한다.

제7조제2항 각 호 외의 부분 및 같은 조 제3항 중 "제9조의 규정에 따른 한국기술거래소"를 "「산업기술혁신 촉진법」 제38조에 따른 한국산업기술진흥원(이하 "기술진흥원"이라 한다)"으로 하고, 제9조를 삭제하며, 제10조제5항, 제22조제2항, 제23조제1항ㆍ제2항, 제29조제1항제1호, 제34조제1항 전단, 제39조 및 제40조 중 "한국기술거래소"를 각각 "기술진흥원"으로 한다.

③ 부터 ⑤ 까지 생략

제9조 생략

부칙 〈제9582호, 2009. 4. 1.〉

이 법은 공포 후 6개월이 경과한 날부터 시행한다.

부칙 〈제9689호, 2009. 5. 21.〉

이 법은 공포한 날부터 시행한다.

부칙 〈제10251호, 2010. 4. 12.〉

①(시행일) 이 법은 공포 후 3개월이 경과한 날부터 시행한다.

②(경과조치) 이 법 시행 당시 종전의 규정에 따른 특허신탁관리업의 허가를 받은 자는 이 법에 따른 기술신탁관리업의 허가를 받

은 자로 본다.

부칙 〈제11231호, 2012. 1. 26.〉

제1조(시행일) 이 법은 공포 후 3개월이 경과한 날부터 시행한다.

제2조(기술신탁관리업의 허가에 관한 적용례) 제35조의2의 개정규정은 이 법 시행 후 최초로 신청되는 기술신탁관리업의 허가부터 적용한다.

제3조(청문에 관한 경과조치) 이 법 시행 당시 종전의 규정에 따라 의견 진술의 기회를 준 경우에는 제37조의 개정규정에 따라 청문을 한 것으로 본다.

부칙 〈제11232호, 2012. 1. 26.〉 (연구개발특구의 육성에 관한 특별법)

제1조(시행일) 이 법은 공포 후 6개월이 경과한 날부터 시행한다.

제2조 부터 제10조까지 생략

제11조(다른 법률의 개정) ① 기술의 이전 및 사업화 촉진에 관한 법률 일부를 다음과 같이 개정한다.

제19조제3항제2호 중 "「대덕연구개발특구 등의 육성에 관한 특별법」 제2조제5호"를 "「연구개발특구의 육성에 관한 특별법」 제2조제6호"로 한다.

②부터 ⑥까지 생략

제12조 생략

부칙 〈제11690호, 2013. 3. 23.〉 (정부조직법)

제1조(시행일) ① 이 법은 공포한 날부터 시행한다.

② 생략

제2조 부터 제5조까지 생략

제6조(다른 법률의 개정) ①부터 〈364〉까지 생략

〈365〉 기술의 이전 및 사업화 촉진에 관한 법률 일부를 다음과 같이 개정한다.

제2조제7호 중 "교육과학기술부, 지식경제부"를 "미래창조과학부, 교육부, 산업통상자원부"로 한다.

제5조제2항, 같은 조 제4항 전단, 제8조제2항 전단, 제12조의3제1항, 제14조제1항, 같은 조 제4항 각 호 외의 부분 본문, 같은 조 제5항, 제21조의2제2항, 제21조의3제3항, 제21조의6 각 호 외의 부분 본문, 제35조제4항·제5항, 제35조의2제1항 본문, 같은 조 제2항 각 호 외의 부분, 같은 조 제3항 전단, 제4항 전단, 같은 조 제5항, 같은 조 제7항 전단 및 후단, 제35조의6, 제35조의7제1항 각 호 외의 부분 본문, 제35조의8제1항 및 제2항 중 "지식경제부장관"을 각각 "산업통상자원부장관"으로 하고, 제15조의2제1항 각 호 외의 부분 중 "지식경제부 장관"을 "산업통상부장관"으로 한다.

제35조의2제2항제2호, 같은 조 제8항 및 제35조의7제2항 중 "지식경제부령"을 각각 "산업통상자원부령"으로 한다.

〈366〉부터 〈710〉까지 생략

제7조 생략

부칙 〈제12284호, 2014. 1. 21.〉

제1조(시행일) 이 법은 공포한 날부터 시행한다.

제2조(금치산자 등에 대한 경과조치) 제35조의2제2항제3호가목의 개정규정에 따른 피성년후견인에는 법률 제10429호 민법 일부개정법률 부칙 제2조에 따라 금치산 또는 한정치산 선고의 효력이 유지되는 사람을 포함하는 것으로 본다.

부칙 〈제12844호, 2014. 11. 19.〉 (정부조직법)

제1조(시행일) 이 법은 공포한 날부터 시행한다. 다만, 부칙 제6조에 따라 개정되는 법률 중 이 법 시행 전에 공포되었으나 시행일이 도래하지 아니한 법률을 개정한 부분은 각각 해당 법률의 시행일부터 시행한다.

제2조 부터 제5조까지 생략

제6조(다른 법률의 개정) ①부터 〈179〉까지 생략

〈180〉 기술의 이전 및 사업화 촉진에 관한 법률 일부를 다음과 같이 개정한다.

제2조제7호 중 "미래창조과학부, 교육부"를 "교육부, 미래창조과학부"로 한다.

〈181〉부터 〈258〉까지 생략

제7조 생략

부칙 〈제14663호, 2017. 3. 21.〉

이 법은 공포 후 6개월이 경과한 날부터 시행한다.

부칙 〈제14839호, 2017. 7. 26.〉 (정부조직법)

제1조(시행일) ① 이 법은 공포한 날부터 시행한다. 다만, 부칙 제5조에 따라 개정되는 법률 중 이 법 시행 전에 공포되었으나 시행일이 도래하지 아니한 법률을 개정한 부분은 각각 해당 법률의 시행일부터 시행한다.

제2조 부터 제4조까지 생략

제5조(다른 법률의 개정) ①부터 〈319〉까지 생략

〈320〉 기술의 이전 및 사업화 촉진에 관한 법률 일부를 다음과 같이 개정한다.

제2조제7호 중 "미래창조과학부"를 "과학기술정보통신부"로 한다.

〈321〉부터 〈382〉까지 생략

제6조 생략

부칙 〈제15571호, 2018. 4. 17.〉

이 법은 공포 후 3개월이 경과한 날부터 시행한다.

부칙 〈제17524호, 2020. 10. 20.〉

이 법은 공포 후 3개월이 경과한 날부터 시행한다.

부칙 〈제18469호, 2021. 9. 24.〉 (기후위기 대응을 위한 탄소중립·녹색성장 기본법)

제1조(시행일) 이 법은 공포 후 6개월이 경과한 날부터 시행한다. 〈단서 생략〉

제2조 부터 제8조까지 생략

제9조(다른 법률의 개정) ① 기술의 이전 및 사업화 촉진에 관한 법률 일부를 다음과 같이 개정한다.

제21조의3제2항제4호 중 "「저탄소 녹색성장 기본법」 제2조제3호에 따른 녹색기술"을 "「기후위기 대응을 위한 탄소중립·녹색성장 기본법」 제2조제16호에 따른 녹색기술"로 한다.

②부터 ⑲까지 생략

제10조 생략

부칙 〈제19990호, 2024. 1. 9.〉 (벤처기업육성에 관한 특별법)

제1조(시행일) 이 법은 공포 후 6개월이 경과한 날부터 시행한다.

제2조(다른 법률의 개정) ①부터 ⑦까지 생략

⑧ 기술의 이전 및 사업화 촉진에 관한 법률 일부를 다음과 같이 개정한다.

제19조제3항제3호 중 "벤처기업육성에 관한 특별조치법"을 "벤처기업육성에 관한 특별법"으로 한다.

⑨부터 ㊱까지 생략

제3조 생략

부칙 〈제20691호, 2025. 1. 21.〉

이 법은 공포한 날부터 시행한다.

부칙 〈제21065호, 2025. 10. 1.〉 (정부조직법)

제1조(시행일) 이 법은 공포한 날부터 시행한다. 다만, 부칙 제7조에 따라 개정되는 법률 중 이 법 시행 전에 공포되었으나 시행일이 도래하지 아니한 법률을 개정한 부분은 각각 해당 법률의 시행일부터 시행하고, 다음 각 호의 개정규정은 해당 호에서 정하는 날부터 시행한다.

1. 다음 각 목의 개정규정은 2026년 1월 2일부터 시행한다. 다만, 부칙 제7조에 따라 개정되는 법률(가목 및 나목의 개정규정과 관련되는 부분으로 한정한다) 중 본문에 따른 시행일 전에 공포되었으나 본문에 따른 시행일이 도래하지 아니한 법률을 개정한 부분은 각각 해당 법률의 시행일부터 시행한다.

가. 제19조제4항, 제23조, 제29조제1항제1호 및 제30조의 개정규정

나. 제12조제2항, 제19조제3항, 제22조 및 제29조제2항 단서의 개정규정(재정경제부장관 및 재정경제부에 관한 부분으로 한정한다)

다. 부칙 제7조에 따라 개정되는 법률(가목 및 나목의 개정규정과 관련되는 부분으로 한정한다)

2. 생략

제2조 부터 제6조까지 생략

제7조(다른 법률의 개정) ①부터 〈215〉까지 생략

〈216〉 기술의 이전 및 사업화 촉진에 관한 법률 일부를 다음과 같이 개정한다.

제2조제7호 중 "기획재정부, 교육부, 과학기술정보통신부, 산업통

상자원부"를 "재정경제부, 과학기술정보통신부, 교육부, 산업통상부"로 한다.

제5조제2항, 같은 조 제4항 전단, 제8조제2항 전단, 제12조의3제1항, 제14조제1항, 같은 조 제4항 각 호 외의 부분 본문, 같은 조 제5항, 제15조의2제1항 각 호 외의 부분, 제21조의2제2항, 제21조의3제3항, 제21조의6 각 호 외의 부분 본문, 제35조제4항 · 제5항, 제35조의2제1항 본문, 같은 조 제2항 각 호 외의 부분, 같은 조 제3항 전단, 같은 조 제4항 전단, 같은 조 제5항, 같은 조 제7항 전단 · 후단, 제35조의6, 제35조의7제1항 각 호 외의 부분 본문 및 제35조의8제1항 · 제2항 중 "산업통상자원부장관"을 각각 "산업통상부장관"으로 한다.

제35조의2제2항제2호, 같은 조 제8항 및 제35조의7제2항 중 "산업통상자원부령"을 각각 "산업통상부령"으로 한다.

〈217〉부터 〈626〉까지 생략

제8조 생략

기술의 이전 및 사업화 촉진에 관한 법률 시행령
(약칭 : 기술이전법 시행령)

[시행 2025. 10. 1.] [대통령령 제35803호, 2025. 10. 1., 타법개정]

제22조(기술이전 · 사업화 촉진사업의 관리)
제22조의2(기술진흥원에 대한 지원기관)
제22조의3(기술진흥원에 대한 출연 등에 관한 협약의 체결)
제23조(기술보호 · 육성사업의 지원 등)
제24조(공공기술 이전에 대한 성과 배분)
제25조(공공기술의 이전 · 사업화 촉진에 관한 규정의 제정)
제25조의2(기부채납을 원인으로 한 성과 배분)
제25조의3(공공연구기관첨단기술지주회사의 설립요건)
제25조의4(기술지주회사의 등록절차)
제25조의5(출자회사 주식보유 의무의 예외 사유 등)
제25조의6(기술지주회사의 통보)
제26조(공공연구개발 성과의 귀속 및 이용 허락 등)
제26조의2(장려금의 지급 기준 및 방법)
제27조(기술자산유동화 촉진사업의 실시)
제28조(기술담보대출 손실보전금의 지급 등)
제29조(재정지원금 등의 지급 등)
제30조(국유재산의 대부 등)
제31조(지식재산권 등의 무상 양여)
제32조(기술평가기관의 지정기준 등)
제33조(기술평가기관의 지정취소 기준 등)
제33조의2(기술평가정보 통보의 범위 등)
제34조(기술신탁관리업의 허가)
제35조(허가사항에 대한 변경허가 등)
제36조(수수료의 요율 또는 금액의 승인신청 및 승인절차)
제36조의2(신탁사무의 위탁 범위)
제37조(기술등의 목록)
제38조(이전계약 체결에 필요한 정보)
제39조(업무의 정지처분 절차)
제40조(과징금의 부과기준)
제41조(과징금의 부과 및 납부)
제42조삭 제
제43조(업무의 위탁)
제44조(고유식별정보의 처리)
제45조(규제의 재검토)

**개정 예정 법률 밑줄 별도 표시.

기술의 이전 및 사업화 촉진에 관한 법률 시행령
(약칭 : 기술이전법 시행령)

[시행 2025. 10. 1.] [대통령령 제35803호, 2025. 10. 1., 타법개정]

제1조(목적) 이 영은 「기술의 이전 및 사업화 촉진에 관한 법률」에서 위임된 사항과 그 시행에 필요한 사항을 규정함을 목적으로 한다.

제2조(기술의 정의) 「기술의 이전 및 사업화 촉진에 관한 법률」(이하 "법"이라 한다) 제2조제1호라목에서 "대통령령으로 정하는 것"이란 이전 및 사업화가 가능한 기술적·과학적 또는 산업적 노하우를 말한다.

[전문개정 2010. 8. 17.]

제3조(공공연구기관) 법 제2조제6호마목에서 "대통령령으로 정한 기관"이란 산업 및 기술 분야의 연구개발사업을 수행하는 법인 또는 단체로서 다음 각 호의 어느 하나에 해당하는 것을 말한다.

1. 국가, 지방자치단체, 「공공기관의 운영에 관한 법률」 제5조에 따른 공기업 또는 준정부기관(이하 '국가등"이라 한다)으로부터 연구개발 사업에 드는 연간 비용의 2분의 1 이상을 출연(出捐)받거나 보조받는 법인 또는 단체

2. 국가등으로부터 자본금 또는 재산의 2분의 1 이상을 출자(出資)받거나 출연받은 법인 또는 단체

[전문개정 2010. 8. 17.]

제4조(관계중앙행정기관) 법 제2조제7호에서 "대통령령으로 정하는 기관"이란 문화체육관광부, 농림축산식품부, 보건복지부, 기후에너지환경부, 국토교통부, 해양수산부, 중소벤처기업부, 금융위원회, 식품의약품안전처, 지식재산처, 방위사업청, 농촌진흥청 및 기상청을 말한다. 〈개정 2013. 3. 23., 2017. 7. 17., 2019. 7. 30., 2025. 10. 1.〉

[전문개정 2010. 8. 17.]

제4조의2(기술신탁관리업) 법 제2조제8호에서 "기술등의 설정ㆍ이전, 기술료의 징수ㆍ분배, 기술의 추가개발 및 기술자산유동화 등 대통령령으로 정하는 관리업무"란 다음 각 호의 업무를 말한다.

1. 기술과 그 사용에 관한 권리(이하 "기술등"이라 한다)에 대한 「특허법」, 「실용신안법」, 「디자인보호법」과 그 밖의 관련 법률에 따른 특허료ㆍ등록료 등의 납부 업무

2. 기술등에 대한 보호ㆍ관리 업무

3. 기술등의 설정ㆍ이전에 관한 업무

4. 기술등의 설정ㆍ이전에 따른 기술료 등 수익의 징수 및 분배 업무

5. 기술등의 사업화에 관한 업무

6. 기술의 수정ㆍ개량이나 그 밖에 기술의 추가적인 개발 및 그에 따른 출원ㆍ관리 업무

7. 기술자산유동화사업에 관한 업무

[전문개정 2010. 8. 17.]

제5조(기술이전ㆍ사업화 촉진계획 및 실적의 제출 등) ① 관계중앙행정기관의 장은 법 제5조제2항 및 제4항 후단에 따라 해당 기관별 연구개발사업에 대한 기술의 이전 및 사업화(이하 "기술이전ㆍ사업화"라 한다)에 관한 연간 추진계획 및 중기추진계획을 해당 계획 개시 연도의 전년도 10월 31일까지 산업통상부장관에게 통보하여야 한다. 〈개정 2013. 3. 23., 2025. 10. 1.〉

② 산업통상부장관은 법 제5조제1항에 따른 기술이전ㆍ사업화 촉진계획을 수립하기 위하여 필요한 경우에는 관계중앙행정기관의 장에게 관련 자료 및 의견의 제출 등을 요청할 수 있다. 〈개정 2013. 3. 23., 2025. 10. 1.〉

③ 관계중앙행정기관의 장은 매년 법 제5조제1항에 따른 기술이전ㆍ사업화 촉진계획의 소관 분야별 시행결과를 그 다음 해 2월 15일까지 산업통상부장관에게 통보하여야 한다. 〈개정 2013. 3. 23., 2025. 10. 1.〉

[전문개정 2010. 8. 17.]

제6조 삭제 〈2009. 10. 1.〉

제7조 삭제 〈2009. 10. 1.〉

제8조 삭제 〈2009. 10. 1.〉

제9조(기술이전ㆍ사업화 정보의 등록 등) ① 법 제7조제2항 각 호 외의 부분에서 "그 기술이 국가기밀에 해당하는 등 대통령령으로 정하는 특별한 사유가 있는 경우"란 다음 각 호의 어느 하나에 해당하

는 경우를 말한다.

1. 해외로 유출될 경우 국가의 안보, 경제 또는 관련 산업에 심각한 피해를 줄 우려가 있다고 인정되는 경우

2. 기술의 등록으로 인하여 기업의 경영·영업상 비밀에 관한 사항이 공개되어 기업의 정당한 이익을 현저히 해칠 우려가 있다고 인정되는 경우

② 법 제7조제2항 각 호 외의 부분에서 “대통령령으로 정하는 기간”이란 다음 각 호의 구분에 따른 기간을 말한다.

1. 해당 연구개발자의 부재(不在) 등 관계중앙행정기관의 장이 부득이하다고 인정하는 경우: 기술개발이 완료된 때부터 3개월 이내

2. 제1호 외의 경우: 기술개발이 완료된 즉시

③ 법 제7조제2항에 따라 「산업기술혁신 촉진법」 제38조에 따른 한국산업기술진흥원(이하 “기술진흥원”이라 한다)에 기술이전·사업화에 관한 정보를 등록하려는 자는 다음 각 호의 사항이 포함된 등록신청서를 기술진흥원에 제출하여야 한다.

1. 등록자의 성명·주소(법인인 경우에는 그 명칭, 본점 소재지의 주소 및 대표자의 성명)와 전화번호

2. 해당 기술의 보유자 또는 권리자의 성명·주소와 전화번호

3. 기술의 명칭, 내용과 관련 기술의 내용(기술의 이용 분야를 포함한다)

4. 이용 조건

④ 관계중앙행정기관의 장은 법 제7조제3항에 따라 기술이전·사업화에 관한 정보 제공 실적이 우수한 기관에 필요한 지원을 할 수 있다.

[전문개정 2010. 8. 17.]

제10조(실태조사 범위 등) ① 산업통상부장관은 매년 1회 법 제8조제1항에 따른 실태조사를 하여야 한다. 다만, 필요하다고 인정되는 경우에는 수시로 실태조사를 할 수 있다. 〈개정 2013. 3. 23., 2025. 10. 1.〉

② 법 제8조제2항에서 "기업의 경영·영업상 비밀의 유지 등 대통령령으로 정하는 특별한 사유가 있는 경우"란 다음 각 호의 어느 하나에 해당하는 경우를 말한다.

1. 자료의 제출로 인하여 기업의 경영·영업상 비밀에 관한 사항이 공개되어 기업의 정당한 이익을 현저히 해칠 우려가 있다고 인정되는 경우

2. 다른 법령이나 계약에 따라 비밀 유지 의무가 부과되어 있는 경우

③ 법 제8조제3항에 따른 실태조사에서의 구체적인 자료작성의 범위는 다음 각 호와 같다.

1. 기술도입자와 기술제공자에 관한 자료

2. 기술이전 방법, 계약 금액 등 기술이전계약에 관한 자료

3. 기술의 사업화 추진 실적에 관한 자료

4. 전담인력, 보유기술, 지원제도 등에 관한 자료

[전문개정 2010. 8. 17.]

제11조 삭제 〈2009. 4. 30.〉

제12조 삭제 〈2010. 8. 17.〉

제13조 삭제 〈2010. 8. 17.〉

제14조 삭제 〈2009. 4. 30.〉

제15조 삭제 〈2009. 4. 30.〉

제16조(기술거래기관의 지정기준 등) ① 법 제10조제1항에서 "기술거래를 위한 전담인력 등 대통령령으로 정하는 기준을 갖춘 자"란 다음 각 호의 요건을 모두 갖춘 법인을 말한다. 〈개정 2013. 3. 23., 2025. 10. 1.〉

1. 법 제14조에 따른 기술거래사(이하 "기술거래사"라 한다), 변호사, 변리사, 공인회계사 또는 기술사 자격을 취득한 사람으로서 법 제10조제2항의 사업에 종사할 수 있는 사람 3명 이상을 상시 고용할 것

2. 산업통상부장관이 정하여 고시하는 기준에 따른 기술거래에 관한 업무지침서를 보유할 것

3. 산업통상부장관이 정하여 고시하는 기준에 따른 기술이전·사업화 정보의 수집·관리·유통 등을 위한 정보망을 보유할 것

4. 법 제10조제3항에 따라 지정이 취소된 경우 취소된 날부터 6개월이 지날 것

② 법 제10조제1항에 따른 기술거래기관(이하 "기술거래기관"이라 한다)으로 지정을 받으려는 자는 기술거래기관 지정신청서에 다음 각 호의 서류를 첨부하여 관계중앙행정기관의 장에게 제출하여야 한다. 다만, 해당 관계중앙행정기관이 명확하지 않은 경우에는 산업통상부장관에게 제출할 수 있다. 〈개정 2013. 3. 23., 2025. 10. 1.〉

1. 제1항제1호부터 제4호까지의 요건에 관한 증명서류

2. 정관

3. 사업계획서

③ 관계중앙행정기관의 장은 법 제10조제1항에 따라 기술거래기관을 지정할 때에는 기술진흥원에 자문을 할 수 있다.

④ 관계중앙행정기관의 장은 법 제10조제1항에 따라 기술거래기관을 지정한 경우에는 다음 각 호의 사항을 고시하고, 그 내용을 산업통상부장관에게 통보하여야 한다. 〈개정 2013. 3. 23., 2025. 10. 1.〉

1. 기술거래기관의 명칭 및 대표자의 성명ㆍ주소ㆍ전화번호
2. 전문분야가 있는 경우에는 그 분야
3. 지정 시 조건을 붙이는 경우에는 그 조건의 내용

⑤ 산업통상부장관은 제4항에 따라 관계중앙행정기관의 장으로부터 통보받은 사항을 통합하여 공고할 수 있다. 〈개정 2013. 3. 23., 2025. 10. 1.〉

[전문개정 2010. 8. 17.]

제17조(기술거래기관 지정 취소의 통보 등) ① 관계중앙행정기관의 장은 법 제10조제3항에 따라 기술거래기관의 지정을 취소한 경우에는 그 사실을 산업통상부장관에게 통보하여야 한다. 〈개정 2013. 3. 23., 2025. 10. 1.〉

② 법 제10조제4항에 따라 지원을 받은 기술거래기관은 별도의 계정을 설정하여 지원금을 관리하여야 하며, 지원한 정부기관과 지원금의 규모 및 용도를 산업통상부장관에게 통보하여야 한다. 〈개정 2013. 3. 23., 2025. 10. 1.〉

③ 법 제10조제5항에 따라 기술거래기관이 기술진흥원에 통보하

여야 할 기술거래에 관한 정보는 다음 각 호와 같다.

1. 기술도입자와 기술제공자

2. 기술거래유형 · 기술료와 계약기간 등 기술거래계약에 관한 사항

④ 법 제10조제5항에 따라 기술거래기관은 제3항에 따른 기술거래에 관한 정보를 다음 각 호의 구분에 따라 기술진흥원에 통보하여야 한다.

1. 상반기 실적: 7월 31일까지

2. 연간 실적: 다음 해 1월 31일까지

⑤ 기술거래기관은 다음 각 호의 어느 하나에 해당하는 사유가 있으면 사유 발생일부터 30일 이내에 관계중앙행정기관의 장에게 서면으로 통보하여야 한다.

1. 제16조제1항제1호의 사항이 변경된 경우

2. 폐업 등으로 인하여 법 제10조제2항의 사업을 할 수 없게 된 경우

[전문개정 2010. 8. 17.]

제18조(전담조직의 설치기준 및 운영 등) ① 법 제11조제1항에 따라 전담조직을 설치하여야 하는 공공연구기관은 다음 각 호의 기관으로 한다.

1. 국공립 연구기관

2. 「과학기술분야 정부출연연구기관 등의 설립 · 운영 및 육성에 관한 법률」 제8조제1항에 따라 설립된 정부출연연구기관

3. 「특정연구기관 육성법」 제2조에 따른 특정연구기관

4. 「고등교육법」 제2조에 따른 학교 중 같은 법 제3조의 구분에

따른 국공립학교로서 이공계열 학과를 설치한 학교

5. 그 밖의 공공연구기관으로서 기관의 성격, 연구개발 인력 및 예산, 보유기술의 정도 등을 고려하여 관계중앙행정기관의 장이 기술이전·사업화 촉진을 위하여 필요하다고 인정하여 지정하는 기관

② 공공연구기관은 제1항에 따라 전담조직을 설치할 때 업무의 효율화를 위하여 필요하다고 인정되면 공동으로 전담조직을 설치·운영할 수 있다.

③ 제1항이나 제2항에 따른 전담조직에는 1명 이상의 전담인력을 두어야 한다.

④ 제1항이나 제2항에 따라 전담조직을 설치한 공공연구기관은 매년 기술이전·사업화 계획과 추진 실적 등을 다음 해 1월 31일까지 관계중앙행정기관의 장에게 제출하여야 한다.

⑤ 전담조직은 다음 각 호의 업무를 수행한다. 〈개정 2019. 7. 30.〉

1. 직무발명의 승계가 있는 경우 이와 관련된 업무

2. 특허 등의 출원·등록·관리·이전 및 활용과 관련된 업무와 해당 업무의 위탁

3. 기술이전·사업화에 따른 기술료 등 수익의 배분

4. 기술이전·사업화의 촉진

5. 산업계의 연구성과에 관한 기술정보의 제공

[전문개정 2010. 8. 17.]

제19조(전담조직의 지원) 관계중앙행정기관의 장은 법 제11조제3항에 따라 전담조직을 설치한 공공연구기관에 다음 각 호의 비용을

지원할 수 있다.

1. 전담인력에 대한 인건비

2. 제18조제5항에 따른 업무의 추진 비용

제19조의2(사업화 전문회사의 지정기준 등) ① 법 제12조의2제1항 각 호 외의 부분에서 “전담인력 및 시설 등 대통령령으로 정하는 기준”이란 다음 각 호의 요건을 말한다. 다만, 법 제12조의2제1항제4호에 따른 사업화에 필요한 자금의 유치 및 투자 사업만을 하는 사업화 전문회사의 경우에는 제1호의 요건을 갖추지 아니하여도 된다.

1. 변호사, 변리사, 공인회계사, 감정평가사, 기술거래사, 기술사, 경영지도사 또는 기술지도사 자격을 취득한 사람으로서 법 제12조의2제1항 각 호에 따른 사업에 종사할 수 있는 사람 5명 이상을 상시 고용할 것. 이 경우 기술거래사 2명은 반드시 포함하여야 한다.

2. 최근 3년간 15건 이상의 사업화 지원 실적이 있을 것

3. 사업화 관련 정보의 수집·관리·유통 등을 위한 정보망을 보유할 것

4. 법 제12조의2제2항에 따라 지정이 취소된 경우 취소된 날부터 6개월이 지났을 것

② 법 제12조의2제1항에 따라 사업화 전문회사로 지정을 받으려는 자는 사업화 전문회사 지정신청서에 다음 각 호의 서류를 첨부하여 관계중앙행정기관의 장에게 제출하여야 한다. 다만, 해당 관계중앙행정기관이 명확하지 아니한 경우에는 산업통상부장관에게 제출할 수 있다. 〈개정 2013. 3. 23., 2025. 10. 1.〉

1. 제1항제1호부터 제4호까지의 요건에 관한 증명서류

2. 정관

3. 사업계획서

③ 관계중앙행정기관의 장은 법 제12조의2제1항에 따라 사업화 전문회사를 지정하는 경우에는 기술진흥원에 자문할 수 있다.

④ 관계중앙행정기관의 장은 법 제12조의2제1항에 따라 사업화 전문회사를 지정한 경우에는 다음 각 호의 사항을 고시하고, 그 내용을 산업통상부장관에게 통보하여야 한다. 〈개정 2013. 3. 23., 2025. 10. 1.〉

1. 사업화 전문회사의 명칭과 대표자의 성명·주소·전화번호

2. 전문분야가 있는 경우에는 그 분야

⑤ 사업화 전문회사는 다음 각 호의 어느 하나에 해당하는 사유가 있으면 사유가 발생한 날부터 30일 이내에 관계중앙행정기관의 장에게 서면으로 통보하여야 한다.

1. 제1항제1호 또는 제3호의 사항이 변경된 경우

2. 폐업 등으로 인하여 법 제12조의2제1항의 사업을 할 수 없게 된 경우

[본조신설 2010. 8. 17.]

제19조의3(사업화 전문회사의 지정취소) ① 법 제12조의2제2항제1호에서 "대통령령으로 정하는 사업화 지원 실적"이란 법 제12조의2제1항 각 호의 사업에 따른 사업화 지원 실적을 말한다.

② 관계중앙행정기관의 장은 법 제12조의2제2항에 따라 사업화 전문회사의 지정을 취소한 경우에는 그 사실을 산업통상부장관에게 통보하여야 한다. 〈개정 2013. 3. 23., 2025. 10. 1.〉

[본조신설 2010. 8. 17.]

제19조의4(사업화 지원 실적 등의 통보) ① 법 제12조의3제1항에서 “기업의 경영ㆍ영업상 비밀의 유지 등 대통령령으로 정하는 특별한 사유”란 다음 각 호의 어느 하나에 해당하는 경우를 말한다.

1. 해외로 유출될 경우 국가의 안보, 경제 또는 관련 산업에 심각한 피해를 줄 우려가 있다고 인정되는 경우

2. 사업화 지원 실적 등의 통보로 인하여 기업의 경영ㆍ영업상 비밀에 관한 사항이 공개되어 기업의 정당한 이익을 현저히 해칠 우려가 있다고 인정되는 경우

② 법 제12조의3제1항에 따라 사업화 전문회사는 사업화 지원 실적을 다음 각 호의 구분에 따라 산업통상부장관에게 통보하여야 한다. 〈개정 2013. 3. 23., 2025. 10. 1.〉

1. 상반기 실적: 7월 31일까지

2. 연간 실적: 다음 해 1월 31일까지

[본조신설 2010. 8. 17.]

제20조(전문인력의 양성 등) ① 법 제13조에 따라 관계중앙행정기관의 장은 다음 각 호의 어느 하나에 해당하는 기관이 기술이전ㆍ사업화 전문인력의 양성을 위한 교육과정(연수프로그램을 포함한다)을 개설ㆍ운영하는 경우에는 그 운영 비용을 지원할 수 있다.

1. 기술진흥원

2. 「고등교육법」 제2조에 따른 학교

3. 그 밖에 기술이전ㆍ사업화 관련 사업을 수행하는 기관으로서 관계중앙행정기관의 장이 인정하는 기관

② 산업통상부장관은 법 제13조제2항에 따른 지원을 하거나 같은 조 제3항에 따른 시책을 수립하는 경우에는 미리 관계중앙행정기관의 장과 협의하여야 한다. 〈개정 2013. 3. 23., 2025. 10. 1.〉

[전문개정 2010. 8. 17.]

제21조(기술거래사의 자격 등) ① 법 제14조제2항에서 "대통령령으로 정하는 기술거래의 경력 및 자격 등의 기준"이란 다음 각 호의 어느 하나의 요건을 말한다. 〈개정 2013. 3. 23., 2025. 10. 1.〉

1. 변호사, 변리사, 공인회계사 또는 기술사 자격을 취득한 사람으로서 기술이전·사업화 분야에 종사한 경력이 3년 이상일 것

2. 「고등교육법」 제2조에 따른 학교의 조교수 이상인 사람으로서 기술이전·사업화 분야 연구경력이 3년 이상일 것

3. 공공연구기관의 연구원으로서 기술이전·사업화 분야에서 3년 이상 재직하였을 것

4. 5급 이상 공무원이나 고위공무원단에 속하는 일반직공무원으로서 기술이전·사업화 관련 정책·기획·평가 또는 관리 업무에 3년 이상 종사하였을 것

5. 기술거래기관 또는 법 제35조제1항에 따른 기술평가기관(이하 "기술평가기관"이라 한다)의 연구원 또는 중간관리자급 이상인 사람으로서 기술거래 또는 기술평가 관련 분야에 3년 이상 재직하였을 것

6. 해외 또는 민간 분야에서의 기술거래 관련 경력이 제1호부터 제5호까지의 요건 중 어느 하나에 상당하는 경우로서 산업통상부장관이 정한 기준에 해당할 것

② 법 제14조제2항에서 "대통령령으로 정하는 교육"이란 법 제14

조제3항에 따른 기술거래사의 업무 수행에 필요한 교육으로서 다음 각 호의 교육을 말한다. 〈개정 2013. 3. 23., 2025. 10. 1.〉

1. 기술이전·사업화 관련 법령 교육

2. 기술마케팅 및 경영 교육

3. 기술이전·사업화 실무 교육

4. 그 밖에 기술이전·사업화에 관련하여 산업통상부장관이 필요하다고 인정하는 교육

③ 법 제14조제2항에 따른 교육은 40시간 이상으로 한다.

④ 기술거래사의 등록 절차와 교육 및 관리 등에 필요한 사항은 산업통상부장관이 따로 정하여 고시한다. 〈개정 2013. 3. 23., 2025. 10. 1.〉

[전문개정 2010. 8. 17.]

제22조(기술이전·사업화 촉진사업의 관리) ① 법 제15조제3항 전단에서 "대통령령으로 정하는 기관"이란 다음 각 호의 어느 하나에 해당하는 기관을 말한다. 〈개정 2024. 4. 30.〉

1. 기술진흥원

2. 「산업기술혁신 촉진법」 제39조에 따른 한국산업기술기획평가원

3. 그 밖에 기술이전·사업화 관련 사업을 수행하는 기관으로서 관계중앙행정기관의 장이 인정하는 기관

② 관계중앙행정기관의 장은 법 제15조에 따른 기술이전·사업화 촉진사업의 기획·관리 및 평가 업무 등을 위하여 이 영을 위반하지 아니하는 범위에서 기술이전·사업화 촉진사업의 운영체계, 사업신청절차 및 선정절차, 지원 범위 등의 사항이 포함된 별도의 세부 규

정을 제정하여 시행할 수 있다.

[전문개정 2010. 8. 17.]

제22조의2(기술진흥원에 대한 지원기관) 법 제15조의2제2항제5호에서 "대통령령으로 정하는 자"란 다음 각 호의 어느 하나에 해당하는 자를 말한다. 〈개정 2014. 6. 25.〉

1. 「과학기술분야 정부출연연구기관 등의 설립·운영 및 육성에 관한 법률」 제18조에 따른 연구회

2. 「과학기술분야 정부출연연구기관 등의 설립·운영 및 육성에 관한 법률」 제8조제1항에 따라 설립된 정부출연연구기관

[본조신설 2010. 8. 17.]

제22조의3(기술진흥원에 대한 출연 등에 관한 협약의 체결) 기술진흥원은 법 제15조의2제2항에 따라 필요한 경비의 일부를 출연받거나 지원받는 경우에는 해당 기관 또는 단체와 출연 금액 또는 지원 금액의 규모와 그 지급의 시기 및 방법 등에 관하여 협약을 체결하여야 한다.

[본조신설 2010. 8. 17.]

제23조(기술보호·육성사업의 지원 등) ① 법 제18조에 따른 기술보호·육성사업의 대상은 사업화의 가능성이 있는 기술을 보유한 개인이나 법인으로서 「중소기업창업 지원법」에 따른 창업에 이르지 아니하거나 창업 후 1년 이내인 자 중 산업통상부장관이 지정하는 자로 한다. 〈개정 2013. 3. 23., 2022. 6. 28., 2025. 10. 1.〉

② 산업통상부장관은 제1항에 따른 기술보호·육성사업의 대상에 대하여 다음 각 호의 지원을 할 수 있다. 〈개정 2013. 3. 23.,

2025. 10. 1.〉

1. 시험제품 개발에 필요한 자금의 지원

2. 사업화에 필요한 인력·정보·설비 및 기술지도 등의 지원

③ 산업통상부장관은 제2항에 따른 지원을 하는 경우 그 지원을 받을 자와 다음 각 호의 사항에 관하여 미리 협약을 체결하여야 한다. 〈개정 2013. 3. 23., 2025. 10. 1.〉

1. 기술의 내용

2. 자금·인력·정보·설비 및 기술 등 지원 내용과 지원에 대한 사후관리

3. 기술료의 지급에 관한 사항

④ 제3항제3호에 따라 지급받은 기술료는 다음 각 호의 용도에 사용할 수 있다. 〈개정 2013. 3. 23., 2025. 10. 1.〉

1. 제2항 각 호에 따른 지원

2. 기술보호·육성사업의 기획·평가·관리와 기반 확충 등 산업통상부장관이 필요하다고 인정하는 사업에 대한 출연

[전문개정 2010. 8. 17.]

제24조(공공기술 이전에 대한 성과 배분) ① 법 제19조제2항에서 "대통령령으로 정하는 사람"이란 해당 기술이전에 관한 계약 체결과 그 과정에 기여한 사람(연구자는 제외한다)으로서 공공연구기관의 장이 정하는 사람을 말한다.

② 법 제19조제2항에 따라 연구자 및 기술의 이전에 기여한 사람에게 배분하는 보상금은 다음 각 호의 구분에 따른 금액 또는 그에 상응하는 자산으로 한다. 다만, 연구자가 공무원(법 제11조제1항 후

단에 따른 전담조직이 설치된 국공립학교의 교직원은 제외한다)으로서 국가공무원인 경우에는 「국가공무원 등 직무발명의 처분·관리 및 보상 등에 관한 규정」에서 정하는 바에 따르고, 지방공무원인 경우에는 해당 지방자치단체의 조례로 정하는 바에 따른다. 〈개정 2021. 10. 19.〉

1. 연구자: 연구자가 개발한 기술을 이전하거나 사업화하여 얻은 기술료의 100분의 50 이상

2. 기술의 이전에 기여한 사람: 연구자가 개발한 기술을 이전하거나 사업화하여 얻은 기술료의 100분의 10 이상

[전문개정 2010. 8. 17.]

제25조(공공기술의 이전·사업화 촉진에 관한 규정의 제정) 법 제21조제2항에 따라 공공기술의 이전·사업화의 촉진에 관한 규정에 포함되어야 하는 사항은 다음 각 호와 같다. 〈개정 2013. 3. 23., 2019. 7. 30., 2025. 10. 1.〉

1. 법 제11조제1항에 따른 전담조직 설치 및 전담인력 배정에 관한 사항

2. 지식재산권의 출원, 등록, 이전 및 활용에 관한 사항(해당 업무의 위탁 및 그 비용 지급에 관한 사항을 포함한다)

3. 기술이전·사업화 정보의 등록 및 관리에 관한 사항

4. 연구자 또는 기술이전에 기여한 사람에 대한 기술료 배분에 관한 사항

5. 그 밖에 기술이전·사업화 촉진을 위하여 산업통상부장관이 필요하다고 인정하는 사항

[전문개정 2010. 8. 17.]

제25조의2(기부채납을 원인으로 한 성과 배분) 법 제21조의2제3항에 따라 기부채납을 한 자 또는 기술등의 개발자에게 배분하는 보상금은 다음 각 호의 구분에 따른 금액으로 한다. 이 경우 해당 금액은 기술등을 이전하거나 사업화하여 얻은 기술료 등 수입액을 기준으로 한다.

1. 기부채납을 한 자: 기준금액의 100분의 60 이상
2. 기술등의 개발자: 기준금액의 100분의 10 이상

[본조신설 2010. 8. 17.]

제25조의3(공공연구기관첨단기술지주회사의 설립요건) 법 제21조의3제2항3호에서 "대통령령으로 정하는 기준"이란 다음 각 호와 같다.

1. 별표 1에 따른 경영 분야나 기술 분야에 종사하는 상근(常勤) 전문인력이 1명 이상일 것
2. 공공연구기관첨단기술지주회사(이하 "기술지주회사"라 한다)의 업무를 수행하기 위한 독립된 전용공간을 갖출 것

[본조신설 2010. 8. 17.]

제25조의4(기술지주회사의 등록절차) ① 법 제21조의3제3항에 따라 기술지주회사로 등록하려는 공공연구기관은 산업통상부령으로 정하는 기술지주회사 등록신청서를 산업통상부장관에게 제출하여야 한다. 이 경우 법 제21조의3제1항에 따라 둘 이상의 공공연구기관이 공동으로 기술지주회사를 설립할 때에는 그 중 대표기관이 기술지주회사 등록신청서를 제출하여야 한다. 〈개정 2013. 3. 23., 2025. 10. 1.〉

② 제1항에 따른 기술지주회사 등록신청서에는 다음 각 호의 서류를 첨부하여야 한다.

1. 다음 각 목의 사항이 포함된 기술지주회사 설립계획서 1부

가. 설립 목적

나. 출자 내용과 출자 비율

다. 사업계획서(기술지주회사가 보유하게 될 인력 및 시설에 관한 사항을 포함한다)

2. 임원의 이력서 1부

③ 산업통상부장관은 제1항에 따라 공공연구기관이 제출한 기술지주회사 등록신청서를 접수한 경우 그 날부터 30일 이내에 그 결과를 신청인에게 통지하여야 한다. 다만, 부득이한 사유로 그 기간 내에 통지하지 못할 경우에는 20일의 범위에서 한 차례만 그 기간을 연장할 수 있으며, 이 경우 신청인에게 그 이유를 통지하여야 한다. 〈개정 2013. 3. 23., 2025. 10. 1.〉

④ 산업통상부장관은 기술지주회사를 등록한 경우에 신청인에게 기술지주회사 등록증을 발급하여야 한다. 〈개정 2013. 3. 23., 2025. 10. 1.〉

[본조신설 2010. 8. 17.]

제25조의5(출자회사 주식보유 의무의 예외 사유 등) ① 법 제21조의4제2항 본문에서 "대통령령으로 정하는 기간"이란 2년을 말한다.

② 법 제21조의4제2항 단서에서 "지분 양도 등 대통령령으로 정하는 사유가 있는 경우"란 다음 각 호의 경우를 말한다.

1. 출자회사가 다른 회사와 합병하여 출자회사 주식보유기준에 미

달하게 된 경우

2. 출자회사가 주식을 모집하거나 매출하면서 「자본시장과 금융투자업에 관한 법률」 제165조의7에 따라 우리사주조합원에 우선 배정하여 출자회사 주식보유기준에 미달하게 된 경우

3. 출자회사가 「상법」 제513조에 따라 발행한 전환사채가 청구되어 출자회사 주식보유기준에 미달하게 된 경우 또는 같은 법 제516조의2에 따라 발행한 신주인수권부사채의 전환이 청구되거나 신주인수권이 행사되어 출자회사 주식보유기준에 미달하게 된 경우

③ 법 제21조의4제3항 본문에서 "대통령령으로 정하는 기간"이란 6개월을 말한다.

[본조신설 2010. 8. 17.]

제25조의6(기술지주회사의 통보) 기술지주회사는 다음 각 호의 어느 하나에 해당하는 사유가 있으면 사유 발생일부터 30일 이내에 산업통상부장관에게 서면으로 통보하여야 한다. 〈개정 2013. 3. 23., 2025. 10. 1.〉

1. 기술지주회사의 대표이사가 변경된 경우

2. 법 제21조의3제2항제3호에 따른 보유인력 및 보유시설이 변경된 경우

[본조신설 2010. 8. 17.]

제26조(공공연구개발 성과의 귀속 및 이용 허락 등) ① 법 제11조제1항 후단에 따라 국공립학교에 설치하는 전담조직은 법 제24조제3항에 따라 교직원의 직무발명에 대하여 특허 등 지식재산권 및 지식재산권을 확보할 수 있는 권리를 승계한다.

② 국가등이 법 제24조제3항에 따라 연구개발 성과를 공공연구기관에 귀속시키는 경우에는 그 공공연구기관으로 하여금 제9조제3항 각 호의 정보를 기술진흥원에 등록하도록 하여 일반인에게 관련 정보를 공개하고, 정보 이용을 위한 신청 절차 및 방법 등을 공시하는 등 성과의 이용을 촉진하기 위한 조치를 하도록 하여야 한다. 다만, 다음 각 호의 어느 하나에 해당하는 경우에는 그러하지 아니하다.

1. 해당 공공연구기관이 그 성과를 직접 사용하는 경우
2. 다른 법령이나 협약에 따라 일반인의 이용이 제한되는 경우

③ 국가등은 공공연구기관이 제2항에 따른 연구개발 성과의 이용을 촉진하기 위한 조치를 하지 아니할 때에는 직접 그 조치를 하여야 한다.

④ 공공연구기관은 제2항에 따라 귀속된 기술을 일반인에게 이용하게 하는 경우에는 통상(通常)의 실시 또는 사용에 관한 권리를 허락함을 원칙으로 한다. 다만, 다음 각 호의 어느 하나에 해당하는 경우에는 전용(專用)의 실시 또는 사용에 관한 권리를 허락할 수 있다. 〈개정 2019. 7. 30.〉

1. 다른 법령 또는 협약에서 전용의 실시 또는 사용을 정한 경우
2. 제9조제3항 또는 이 조 제2항에 따라 해당 기술의 이전·사업화에 관한 정보가 기술진흥원에 등록된 날부터 1년(신속한 기술이전·사업화의 필요성이 인정되는 경우에는 공공연구기관의 장이 6개월 이상 1년 이하의 범위에서 정한 기간) 이내에 통상의 실시 또는 사용에 관한 권리를 허락받으려는 자가 없는 경우
3. 기술의 특성상 불가피하다고 인정되는 경우

⑤ 공공연구기관은 법 제24조제5항 단서에 따라 공공기술의 개발에 투자한 기업 등에 대해서는 연구개발 종료 후 1년의 범위에서 우선권을 부여할 수 있다. 다만, 다른 법령 또는 협약에서 이와 다르게 정한 경우에는 그러하지 아니하다.

⑥ 법 제24조제6항제6호에서 "대통령령으로 정하는 용도"란 다음 각호의 용도를 말한다.

1. 기술이전·사업화와 관련하여 외부기관과 공동으로 업무를 추진하는 데에 드는 비용

2. 기술이전에 기여한 자에 대한 보상금

[전문개정 2010. 8. 17.]

제26조의2(장려금의 지급 기준 및 방법) ① 법 제25조제2항에 따른 장려금은 다음 각 호의 구분에 따라 지급한다. 다만, 장려금의 금액은 1인당 3천만원을 초과할 수 없다.

1. 경상적 경비를 절감한 경우: 절감한 경비의 100분의 50

2. 주요 사업비를 절감한 경우: 절감한 경비의 100분의 10

② 관계중앙행정기관의 장은 예산 절감이 발생한 회계연도의 다음 회계연도 4월 30일까지 예산의 범위에서 장려금을 지급하여야 한다.

[본조신설 2010. 8. 17.]

제27조(기술자산유동화 촉진사업의 실시) ① 법 제27조제1항제2호에서 "대통령령으로 정하는 기금"이란 다음 각 호의 기금을 말한다. 〈개정 2013. 3. 23., 2019. 4. 2., 2025. 10. 1.〉

1. 「중소기업진흥에 관한 법률」 제63조에 따른 중소벤처기업창업

및 진흥기금

2. 「과학기술 기본법」 제22조에 따른 과학기술진흥기금

3. 「정보통신산업 진흥법」 제41조에 따른 정보통신진흥기금

4. 그 밖에 산업통상부장관이 기금의 설치 목적을 고려하여 기획재정부장관 및 그 기금을 관리·운영하는 중앙행정기관의 장과 협의하여 정하는 기금

② 법 제27조제2항제1호에 따라 관계중앙행정기관의 장이 손실의 전부 또는 일부를 보전(補塡)하는 대상은 「자산유동화에 관한 법률」에 따른 유동화전문회사 등 법 제27조제1항에 따른 기술자산유동화 촉진사업에 참여하여 직접적인 손실을 입은 기관 중 관계중앙행정기관의 장이 정한 기관을 말한다.

[전문개정 2010. 8. 17.]

제28조(기술담보대출 손실보전금의 지급 등) 관계중앙행정기관의 장은 법 제28조제1항 후단에 따라 기술을 담보로 한 대출에 따른 손실의 전부 또는 일부를 보전하는 경우에는 기술담보대출 촉진사업의 대상과 예산의 규모 등을 고려하여야 한다.

제29조(재정지원금 등의 지급 등) ① 법 제29조제1항에 따라 재정지원금을 받은 자는 별도의 계정을 설정하여 이를 관리하여야 한다.

② 법 제29조제1항에 따라 지원받은 재정지원금은 기술이전·사업화 촉진을 위한 사업에 따르는 비용의 용도로만 사용하여야 한다.

[전문개정 2010. 8. 17.]

제30조(국유재산의 대부 등) ① 기술이전·사업화에 참여하는 기관은 법 제30조제1항에 따라 국유재산을 대부 또는 양여받거나 사용

·수익하려면 소관 중앙행정기관의 장의 추천을 받아 그 재산의 관리청에 신청하여야 한다. 다만, 그 재산의 관리청이 소관 중앙행정기관의 장인 경우에는 바로 소관 중앙행정기관의 장에게 신청하여야 한다.

② 제1항에 따른 국유재산의 대부·양여, 사용·수익의 조건은 계약에 따른다.

[전문개정 2010. 8. 17.]

제31조(지식재산권 등의 무상 양여) ① 법 제31조제1항에 따라 실시료의 전부 또는 일부를 면제하거나 지식재산권을 무상으로 양여하는 경우에는 기획재정부장관과 협의하여야 한다.

② 법 제31조제2항에 따라 연구기기·설비 및 시험제품 등을 무상으로 양여하는 경우에는 조달청장과 협의하여야 한다.

[전문개정 2010. 8. 17.]

제32조(기술평가기관의 지정기준 등) ① 법 제35조제1항에서 "기술평가를 위한 전담인력 및 관리조직 등 대통령령으로 정하는 기준을 갖춘 기관"이란 다음 각 호의 요건을 모두 갖춘 법인을 말한다. 〈개정 2013. 3. 23., 2025. 10. 1.〉

1. 다음 각 목의 전문가 모두를 상시 고용할 것

가. 기술거래사, 변호사, 변리사, 공인회계사, 감정평가사 또는 기술사 자격을 취득한 사람으로서 법 제35조제2항 각 호에 따른 사업(이하 이 조에서 "기술평가사업"이라 한다)에 종사할 수 있는 전문가 3명 이상

나. 기술평가사업에 5년 이상 종사한 전문가 7명 이상

2. 기술평가사업을 수행하기 위한 관리조직을 가지고 있을 것

3. 산업통상부장관이 정하여 고시하는 기준에 따른 기술평가모델을 보유할 것

4. 산업통상부장관이 정하여 고시하는 기준에 따른 기술평가에 관한 정보의 수집·관리·유통 등을 위한 정보망을 보유할 것

② 기술평가기관의 지정에 관하여는 기술거래기관의 지정에 관한 제16조제2항부터 제5항까지의 규정을 준용한다. 이 경우 "기술거래기관"은 "기술평가기관"으로 본다.

[전문개정 2010. 8. 17.]

제33조(기술평가기관의 지정취소 기준 등) ① 법 제35조제3항제1호에서 "대통령령으로 정하는 건수"란 10건을 말한다.

② 법 제35조제4항에서 "기업의 경영·영업상 비밀의 유지 등 대통령령으로 정하는 특별한 사유가 있는 경우"란 다음 각 호의 어느 하나에 해당하는 경우를 말한다.

1. 해외로 유출될 경우 국가의 안보, 경제 또는 관련 산업에 심각한 피해를 줄 우려가 있다고 인정되는 경우

2. 기술평가정보의 통보로 인하여 기업의 경영·영업상 비밀에 관한 사항이 공개되어 기업의 정당한 이익을 현저히 해칠 우려가 있다고 인정되는 경우

[전문개정 2010. 8. 17.]

제33조의2(기술평가정보 통보의 범위 등) ① 법 제35조제4항에 따라 기술평가기관이 산업통상부장관에게 통보하여야 하는 기술평가정보의 범위는 다음 각 호와 같다. 〈개정 2013. 3. 23., 2025. 10. 1.〉

1. 기술·기업 및 시장 정보 등 기술평가와 관련된 정보

2. 가치평가 사례와 등급평가 사례 등 기술평가 사례

② 법 제35조제4항에 따라 기술평가기관은 제1항의 기술평가정보를 다음 각 호의 구분에 따라 산업통상부장관에게 통보하여야 한다. 〈개정 2013. 3. 23., 2025. 10. 1.〉

1. 상반기 실적: 7월 31일까지

2. 연간 실적: 다음 해 1월 31일까지

③ 기술평가기관 지정취소의 통보 등에 관하여는 기술거래기관 지정취소의 통보 등에 관한 제17조제1항·제2항 및 제5항을 준용한다. 이 경우 "기술거래기관"은 "기술평가기관"으로 본다.

[본조신설 2010. 8. 17.]

제34조(기술신탁관리업의 허가) ① 법 제35조의2제1항에 따라 기술신탁관리업의 허가를 받으려는 자는 산업통상부령으로 정하는 허가신청서에 다음 각 호의 서류를 첨부하여 산업통상부장관에게 제출하여야 한다. 〈개정 2013. 3. 23., 2025. 10. 1.〉

1. 기술신탁관리업 업무규정

2. 신탁 인수에 관한 약관

3. 기술이전 유형별 약관

4. 신청 법인·기관 또는 단체(이하 "신청기관"이라 한다)의 대표자 및 임원의 이력서

5. 정관 또는 규약

6. 운용전문인력의 이력 및 조직 구성

7. 재무제표(법인의 경우만 해당한다)

② 제1항에 따른 신청서를 제출받은 산업통상부장관은 「전자정부법」 제36조제1항에 따른 행정정보의 공동이용을 통하여 등기사항증명서(법인의 경우만 해당한다)를 확인하여야 한다. 〈개정 2013. 3. 23., 2025. 10. 1.〉

③ 산업통상부장관은 제1항 및 제2항에 따라 제출받은 서류가 다음 각 호의 어느 하나에 해당하는 경우에는 기간을 정하여 이를 보완하게 할 수 있다. 〈개정 2013. 3 23., 2025. 10. 1.〉

1. 첨부되어야 할 서류가 첨부되지 아니한 경우

2. 첨부서류에 기재되어야 할 내용이 기재되어 있지 아니하거나 명확하지 아니한 경우

④ 산업통상부장관은 기술신탁관리업을 허가하는 경우에는 신청기관에 산업통상부령으로 정하는 기술신탁관리업 허가증을 발급하여야 한다. 〈개정 2013. 3. 23., 2025. 10. 1.〉

[전문개정 2010. 8. 17.]

제35조(허가사항에 대한 변경허가 등) ① 법 제35조의2제1항에 따라 기술신탁관리업의 허가를 받은 자(이하 "기술신탁관리기관"이라 한다)가 제34조제1항제1호의 기술신탁관리업 업무규정 또는 같은 항 제2호 및 제3호의 약관을 변경하려면 산업통상부장관의 허가를 받아야 한다. 〈개정 2013. 3. 23., 2025. 10. 1.〉

② 기술신탁관리기관은 다음 각 호의 사항을 변경할 때에는 산업통상부장관에게 그 사실을 통보하여야 한다. 〈개정 2013. 3. 23., 2025. 10. 1.〉

1. 법인 · 기관 또는 단체의 명칭

2. 본점 또는 영업소의 소재지

3. 대표자

③ 기술신탁관리기관은 기술신탁관리업을 휴업하거나 폐업하였을 때에는 산업통상부장관에게 그 사실 및 사유를 통보하여야 한다. 〈개정 2013. 3. 23., 2025. 10. 1.〉

[전문개정 2010. 8. 17.]

제36조(수수료의 요율 또는 금액의 승인신청 및 승인절차) ① 기술신탁관리기관이 법 제35조의2제7항에 따라 수수료의 요율(料率) 또는 금액에 관한 승인(변경승인을 포함한다. 이하 같다)을 받으려는 경우에는 산업통상부장관에게 서면으로 승인신청을 하여야 한다. 〈개정 2012. 4. 5., 2013. 3. 23., 2025. 10. 1.〉

② 산업통상부장관은 법 제35조의2제7항에 따라 수수료의 요율 또는 금액에 관한 승인신청을 받으면 이해관계인의 의견수렴 절차를 거치기 위하여 산업통상부 인터넷 홈페이지에 30일간 그 내용을 게시하여야 한다. 〈개정 2012. 4. 5., 2013. 3. 23., 2025. 10. 1.〉

③ 산업통상부장관은 수수료의 요율 또는 금액에 관한 승인을 한 경우에는 승인내용을 산업통상부 인터넷 홈페이지에 게시하여야 한다. 〈개정 2013. 3. 23., 2025. 10. 1.〉

[전문개정 2010. 8. 17.]

제36조의2(신탁사무의 위탁 범위) 법 제35조의4제1항에서 "대통령령으로 정하는 신탁사무의 일부"란 다음 각 호의 업무를 말한다.

1. 기술등의 가치평가에 관한 업무

2. 기술등에 대한 「특허법」, 「실용신안법」, 「디자인보호법」과 그

밖의 관련 법률에 따른 특허료·등록료 등의 납부 업무

3. 기술등에 대한 보호·관리 업무

4. 기술등의 설정·이전에 따른 기술료·사용료 등의 징수 및 분배 업무

5. 기술등의 사업화에 관한 업무

6. 그 밖의 수익자와 기술신탁관리기관 간에 신탁의 목적에 비추어 타당하다고 협의된 업무

[본조신설 2010. 8. 17.]

제37조(기술등의 목록) 법 제35조의5제1항에 따라 기술등의 목록에 명시하여야 하는 사항은 다음 각 호의 구분에 따른 사항으로 한다.

1. 공개된 특허, 실용신안, 디자인, 반도체집적회로의 배치설계, 소프트웨어 등 기술등의 경우: 발명의 명칭, 등록번호와 출원 또는 등록 연월일

2. 제1호 외의 기술등의 경우: 기술등의 제목, 기술등이 속하는 분야와 해당 기술등으로 해결하려는 과제

[전문개정 2010. 8. 17.]

제38조(이전계약 체결에 필요한 정보) 법 제35조의5제2항에서 "대통령령으로 정하는 정보"란 다음 각 호와 같다.

1. 기술등의 목록

2. 해당 기술등의 위탁자와의 신탁 계약기간

3. 기술료 등 이전 조건 및 약관

[전문개정 2010. 8. 17.]

제39조(업무의 정지처분 절차) 산업통상부장관은 법 제35조의7제1

항에 따른 업무의 정지처분을 하는 경우 처분대상자가 그 업무정지 처분을 갈음하여 법 제35조의8에 따른 과징금 부과처분을 희망하는 경우에는 그 사유에 대한 소명자료(疏明資料)를 제출하게 할 수 있다. 〈개정 2013. 3. 23., 2025. 10. 1.〉

[전문개정 2010. 8. 17.]

제40조(과징금의 부과기준) ① 법 제35조의8제1항에 따른 과징금의 부과기준은 별표 2와 같다.

② 산업통상부장관은 위반행위의 동기, 내용, 정도 및 횟수 등을 고려하여 별표 2에 따른 금액의 2분의 1의 범위에서 그 금액을 늘리거나 줄일 수 있다. 다만, 늘리는 경우에도 과징금의 총액은 법 제35조의8제1항에 따른 금액을 초과할 수 없다. 〈개정 2013. 3. 23., 2025. 10. 1.〉

[전문개정 2010. 8. 17.]

제41조(과징금의 부과 및 납부) ① 산업통상부장관은 법 제35조의8제1항에 따라 과징금을 부과할 때에는 그 위반 사실과 부과 금액 등을 서면에 적어 과징금을 낼 것을 처분대상자에게 통지하여야 한다. 〈개정 2013. 3. 23., 2025. 10. 1.〉

② 제1항에 따라 통지를 받은 자는 통지를 받은 날부터 20일 이내에 산업통상부장관이 정하는 수납기관에 과징금을 내야 한다. 〈개정 2013. 3. 23., 2023. 12. 12., 2025. 10. 1.〉

③ 제2항에 따라 과징금을 받은 수납기관은 그 납부자에게 영수증을 발급하여야 한다.

④ 과징금의 수납기관은 제2항에 따라 과징금을 받으면 지체 없

이 그 사실을 산업통상부장관에게 통보하여야 한다. 〈개정 2013. 3. 23., 2025. 10. 1.〉

⑤ 산업통상부장관은 법 제35조의8제1항에 따른 과징금의 부과·징수에 관한 사항을 기록·관리하여야 한다. 〈개정 2013. 3. 23., 2025. 10. 1.〉

[전문개정 2010. 8. 17.]

제42조 삭제 〈2012. 4. 5.〉

제43조(업무의 위탁) 관계중앙행정기관의 장은 법 제39조에 따라 다음 각 호의 업무를 기술진흥원의 장에게 위탁한다.

1. 법 제8조에 따른 실태조사 업무
2. 법 제14조에 따른 기술거래사 등록 업무
3. 법 제18조에 따른 기술보호·육성사업에 관한 업무
4. 법 제21조의2제2항에 따른 기부채납된 기술등의 관리 업무
5. 법 제35조제5항에 따른 기술평가정보의 관리 업무

[전문개정 2010. 8. 17.]

제44조(고유식별정보의 처리) 산업통상부장관 또는 관계중앙행정기관의 장(제43조에 따라 관계중앙행정기관의 장의 권한을 위탁받은 자를 포함한다)은 다음 각 호의 사무를 수행하기 위하여 불가피한 경우 「개인정보 보호법 시행령」 제19조제1호 또는 제4호에 따른 주민등록번호 또는 외국인등록번호가 포함된 자료를 처리할 수 있다. 〈개정 2013. 3. 23., 2025. 10. 1.〉

1. 법 제10조제1항에 따른 기술거래기관의 지정 등에 관한 사무 및 이 영 제17조제5항에 따라 통보된 변경사항 처리에 관한 사무

2. 법 제14조에 따른 기술거래사 등록 등에 관한 사무

3. 삭제 〈2017. 7. 17.〉

4. 삭제 〈2017. 7. 17.〉

5. 법 제35조의2에 따른 기술신탁관리업의 허가에 관한 사무

[본조신설 2012. 1. 6.]

제45조(규제의 재검토) ①산업통상부장관은 다음 각 호의 사항에 대하여 다음 각 호의 기준일을 기준으로 3년마다(매 3년이 되는 해의 기준일과 같은 날 전까지를 말한다) 그 타당성을 검토하여 개선 등의 조치를 하여야 한다. 〈개정 2014. 12. 9., 2025. 10. 1.〉

1. 제16조에 따른 기술거래기관의 지정기준 및 절차: 2014년 1월 1일

2. 제19조의2에 따른 사업화 전문회사의 지정기준 및 절차: 2014년 1월 1일

3. 제21조에 따른 기술거래사의 등록 요건: 2014년 1월 1일

4. 제32조에 따른 기술평가기관의 지정기준: 2014년 1월 1일

② 산업통상부장관은 제19조의2에 따른 사업화 전문회사의 지정기준 및 제출서류 등에 대하여 2015년 1월 1일을 기준으로 2년마다(매 2년이 되는 해의 1월 1일 전까지를 말한다) 그 타당성을 검토하여 개선 등의 조치를 하여야 한다. 〈신설 2014. 12. 9., 2025. 10. 1.〉

[본조신설 2013. 12. 30.]

부칙 〈제20137호, 2007. 6. 29.〉

제1조 (시행일) 이 영은 공포한 날부터 시행한다.

제2조 (공공기술 이전에 대한 성과배분에 관한 적용례) 제24조의 개정규정은 이 영 시행 후 최초로 개발이 완료된 기술의 이전을 위한 계약의 체결과 그 과정에 기여한 자부터 적용한다.

제3조 (투자기업에 대한 우선권 부여기간에 관한 경과조치) 이 영 시행 전에 종전의 제18조제4항에 따라 공공기술 이용의 우선권을 부여받은 자에 관하여는 제26조제4항의 개정규정에도 불구하고 종전의 규정에 따른다.

제4조 (다른 법령의 개정) ①공무원직무발명의처분 · 관리및보상등에 관한규정 일부를 다음과 같이 개정한다.

제2조의2 중 "기술이전촉진법 제11조제1항 후단의 규정에 의한"을 "「기술의 이전 및 사업화 촉진에 관한 법률」 제11조제1항 후단에 따른"으로 한다.

②국가연구개발사업의 관리 등에 관한 규정 일부를 다음과 같이 개정한다.

제17조제6항 중 "「기술이전촉진법」 제9조의 규정에 의한 기술이전전담조직"을 "「기술의 이전 및 사업화 촉진에 관한 법률」 제11조에 따른 기술이전 · 사업화 전담조직"으로 한다.

③기술개발촉진법 시행령 일부를 다음과 같이 개정한다.

제3조제3항 중 "「기술이전촉진법」 제8조 및 동법시행령 제13조의 규정에 의하여 기술평가전문기관"을 "「기술의 이전 및 사업화 촉진에 관한 법률」 제35조와 같은 법 시행령 제33조에 따라 기술평가기관"으로 한다.

④기술신용보증기금법 시행령 일부를 다음과 같이 개정한다.

별표 제24호 중 "기술이전촉진법 제2조제1호의 규정에 의한"을 "「기술의 이전 및 사업화 촉진에 관한 법률」 제2조제2호에 따른"으로 한다.

⑤발명진흥법시행령 일부를 다음과 같이 개정한다.

제11조제1항제2호 중 "「기술이전촉진법」 제6호제1항에 따른"을 "「기술의 이전 및 사업화 촉진에 관한 법률」 제9조제1항에 따른"으로 하고, 같은 항 제3호다목 중 "「기술이전촉진법」 제7조제1항에 따라"를 "「기술의 이전 및 사업화 촉진에 관한 법률」 제10조제1항에 따라"로 한다.

⑥벤처기업육성에 관한 특별조치법 시행령 일부를 다음과 같이 개정한다.

제2조의3제5항제3호 중 "「기술이전촉진법」 제6조"를 "「기술의 이전 및 사업화 촉진에 관한 법률」 제9조"로 하고, 같은 항 제4호를 다음과 같이 한다.

4. 「기술의 이전 및 사업화 촉진에 관한 법률」 제35조에 따라 지정된 기술평가기관

⑦산업기술혁신 촉진법 시행령 일부를 다음과 같이 개정한다.

제14조제2호 중 "「기술이전촉진법」"을 "「기술의 이전 및 사업화 촉진에 관한 법률」"로 한다.

⑧산업디자인진흥법시행령 일부를 다음과 같이 개정한다.

제4조제9호 중 "「기술이전촉진법」 제6조"를 "「기술의 이전 및 사업화 촉진에 관한 법률」 제9조"로 한다.

⑨실용신안법 시행령 일부를 다음과 같이 개정한다.

제5조제4호 중 "「기술이전촉진법」 제9조제1항"을 "「기술의 이전 및 사업화 촉진에 관한 법률」 제11조제1항"으로, "기술이전전담조직"을 "기술이전 · 사업화 전담조직"으로 한다.

⑩조세특례제한법 시행령 일부를 다음과 같이 개정한다.

제11조제3항제1호 중 "「기술이전촉진법」 제6조"를 "「기술의 이전 및 사업화 촉진에 관한 법률」 제9조"로 하고, 같은 항 제2호 중 "「기술이전촉진법」 제7조"를 "「기술의 이전 및 사업화 촉진에 관한 법률」 제10조"로 하며, 같은 항 제3호를 삭제한다.

별표 6 제1호하목 중 "기술이전촉진법 제8조의 규정에 의한 기술평가전문기관"을 "「기술의 이전 및 사업화 촉진에 관한 법률」 제35조에 따른 기술평가기관"으로 한다.

⑪중소기업 사업전환 촉진에 관한 특별법 시행령 일부를 다음과 같이 개정한다.

제14조제4호 중 "「기술이전촉진법」 제6조"를 "「기술의 이전 및 사업화 촉진에 관한 법률」 제9조"르 한다.

⑫특허법 시행령 일부를 다음과 같이 개정한다.

제9조제4호 중 "「기술이전촉진법」 제9조제1항에 따라"를 "「기술의 이전 및 사업화 촉진에 관한 법률」 제11조제1항에 따라"로, "기술이전전담조직"을 "기술이전 · 사업화 전담조직"으로 한다.

제5조 (다른 법령과의 관계) 이 영 시행 당시 다른 법령에서 「기술이전촉진법」이나 「기술이전촉진법 시행령」을 인용한 경우 「기술의 이전 및 사업화 촉진에 관한 법률」이나 이 영 가운데 그에 해당하

는 규정이 있으면 종전의 규정을 갈음하여 「기술의 이전 및 사업화 촉진에 관한 법률」이나 이 영의 해당 규정을 인용한 것으로 본다.

부칙 〈제20678호, 2008. 2. 29.〉 (지식경제부와 그 소속기관 직제)

제1조(시행일) 이 영은 공포한 날부터 시행한다. 〈단서 생략〉

제2조 부터 제6조까지 생략

제7조(다른 법령의 개정) ① 부터 ⑨ 까지 생략

⑩ 기술의 이전 및 사업화 촉진에 관한 법률 시행령 일부를 다음과 같이 개정한다.

제4조 중 "문화관광부, 농림부, 보건복지부, 환경부, 건설교통부 및 해양수산부"를 "문화체육관광부, 농림수산식품부, 보건복지가족부, 환경부 및 국토해양부"로 한다.

제5조제1항 · 제2항, 제10조제1항 본문, 제14조, 제16조제1항제2호 및 제3호 · 제2항 각 호 외의 부분 단서 · 제4항 각 호 외의 부분 · 제5항, 제17조제1항 · 제2항, 제21조제6호, 제23조제1항 · 제2항 각 호 외의 부분 · 제3항 각 호 외의 부분 · 제4항제2호, 제25조제5호, 제27조제1항제4호, 제32조제1항제2호 · 제3호 중 "산업자원부장관"을 각각 "지식경제부장관"으로 한다.

제8조제2항 각 호 외의 부분 중 "산업자원부 차관보"를 "지식경제부 소속의 고위공무원단 공무원 중 심의회의 위원장이 지명하는 자"로 한다.

제27조제1항제4호 중 "기획예산처장관"을 "기획재정부장관"으로

한다.

제31조제1항 중 “재정경제부장관”을 “기획재정부장관”으로 한다.

⑪ 부터 〈86〉 까지 생략

부칙 〈제21010호, 2008. 9. 18.〉

이 영은 2008년 9월 22일부터 시행한다.

부칙 〈제21461호, 2009. 4. 30.〉 (산업기술혁신 촉진법 시행령)

제1조(시행일) 이 영은 2009년 5월 1일부터 시행한다.

제2조(다른 법령의 개정) ① 및 ② 생략

③ 기술의 이전 및 사업화 촉진에 관한 법률 시행령 일부를 다음과 같이 개정한다.

제9조제3항 각 호 외의 부분 중 “법 제9조에 따른 한국기술거래소(이하 "거래소"라 한다)”를 “「산업기술혁신 촉진법」 제38조에 따른 한국산업기술진흥원(이하 "기술진흥원"이라 한다)”으로, “거래소”를 “기술진흥원”으로 한다.

제11조, 제14조 및 제15조를 각각 삭제한다.

제12조의 제목 중 “거래소”를 “기술진흥원”으로 하고, 같은 조 각 호 외의 부분을 다음과 같이 한다.

기술이전·사업화의 촉진을 위하여 다음 각 호의 어느 하나에 해당하는 자는 기술진흥원의 설립·운영에 소요되는 경비의 일부를 출연 또는 지원할 수 있다.

제13조의 제목 중 “거래소”를 “기술진흥원”으로 하고, 같은 조 제목 외의 부분 중 “거래소는 법 제9조제4항에 따라”를 “기술진흥원은 제12조에 따라”로 한다.

제16조제3항, 제17조제3항, 제26조제2항 각 호 외의 부분 본문, 제33조제3항 및 제43조 각 호 외의 부분 중 “거래소”를 각각 “기술진흥원”으로 한다.

제20조제1호를 다음과 같이 하고, 같은 조 제2호를 삭제한다.

1. 기술진흥원

제22조제1항제1호 및 제2호를 각각 다음과 같이 하고, 같은 항 제3호를 삭제한다.

1. 기술진흥원

2. 「산업기술혁신 촉진법」 제39조에 따른 한국산업기술평가관리원

④ 부터 ㉑ 까지 생략

부칙 〈제21692호, 2009. 8. 18.〉 (정보통신산업 진흥법 시행령)

제1조(시행일) 이 영은 2009년 8월 23일부터 시행한다.

제2조 부터 제4조까지 생략

제5조(다른 법령의 개정) ① 및 ② 생략

③ 기술의 이전 및 사업화 촉진에 관한 법률 시행령 일부를 다음과 같이 개정한다.

제27조제1항제3호를 다음과 같이 한다.

3. 「정보통신산업 진흥법」 제41조에 따른 정보통신진흥기금

④ 부터 ㉘ 까지 생략

제6조 생략

부칙 〈제21761호, 2009. 10. 1.〉

이 영은 2009년 10월 2일부터 시행한다.

부칙 〈제21835호, 2009. 11. 20.〉 (중소기업진흥에 관한 법률 시행령)

제1조(시행일) 이 영은 2009년 11월 22일부터 시행한다.

제2조(다른 법령의 개정) ① 부터 ⑬ 까지 생략

⑭ 기술의 이전 및 사업화 촉진에 관한 법률 시행령 일부를 다음과 같이 개정한다.

제27조제1항제1호 중 "「중소기업진흥 및 제품구매촉진에 관한 법률」 제63조에 따른 중소기업진흥 및 산업기반기금"을 "「중소기업 진흥에 관한 법률」 제63조에 따른 중소기업창업 및 진흥기금"으로 한다.

⑮ 부터 〈64〉 까지 생략

제3조 생략

부칙 〈제22075호, 2010. 3. 15.〉 (보건복지부와 그 소속기관 직제)

제1조(시행일) 이 영은 2010년 3월 19일부터 시행한다. 〈단서 생략〉

제2조(다른 법령의 개정) ① 부터 ㊶ 까지 생략

㊷ 기술의 이전 및 사업화 촉진에 관한 법률 시행령 일부를 다음과 같이 개정한다.

제4조 중 "보건복지가족부"를 "보건복지부"로 한다.

㊸ 부터 〈187〉 까지 생략

부칙 〈제22151호, 2010. 5. 4.〉 (전자정부법 시행령)

제1조(시행일) 이 영은 2010년 5월 5일부터 시행한다.

제2조 및 제3조 생략

제4조(다른 법령의 개정) ① 부터 ㊽ 까지 생략

㊾ 기술의 이전 및 사업화 촉진에 관한 법률 시행령 일부를 다음과 같이 개정한다.

제34조제2항 중 "「전자정부법」 제21조제1항"을 "「전자정부법」 제36조제1항"으로 한다.

㊿ 부터 〈192〉 까지 생략

부칙 〈제22344호, 2010. 8. 17.〉

제1조(시행일) 이 영은 공포한 날부터 시행한다.

제2조(기술이전·사업화 정보의 등록에 관한 적용례) 제9조제2항 각 호의 개정규정은 이 영 시행 후 최초로 기술을 이전하려는 경우부터 적용한다.

제3조(기술이전 기여자 등에게 배분하는 보상금에 관한 적용례) 제24조제2항 각 호의 개정규정은 이 영 시행 후 최초로 발생하는 기

술료를 보상금으로 배분하는 경우부터 적용한다.

부칙 〈제23488호, 2012. 1. 6.〉 (민감정보 및 고유식별정보 처리 근거 마련을 위한 과세자료의 제출 및 관리에 관한 법률 시행령 등 일부개정령)

제1조(시행일) 이 영은 공포한 날브터 시행한다. 〈단서 생략〉

제2조 생략

부칙 〈제23644호, 2012. 2. 29.〉 (대학교원 자격기준 등에 관한 규정)

제1조(시행일) 이 영은 공포한 날부터 시행한다. 다만, ···〈생략〉··· 부칙 제2조 및 제3조의 개정규정은 2012년 7월 22일부터 시행한다.

제2조 생략

제3조(다른 법령의 개정) ①부터 ㉕까지 생략

㉖ 기술의 이전 및 사업화 촉진에 관한 법률 시행령 일부를 다음과 같이 개정한다.

별표 1 중 경영 분야란 제2흐 중 "전임강사"를 "조교수"로 하고, 같은 표 기술 분야란 제2호 중 "전임강사"를 "조교수"로 한다.

㉗부터 〈69〉까지 생략

제4조 생략

부칙 〈제23704호, 2012. 4. 5.〉

이 영은 2012년 4월 27일부터 시행한다.

부칙 〈제24442호, 2013. 3. 23.〉 (산업통상자원부와 그 소속기관 직제)

제1조(시행일) 이 영은 공포한 날부터 시행한다. 〈단서 생략〉

제2조 부터 제11조까지 생략

제12조(다른 법령의 개정) ①부터 ⑪까지 생략

⑫ 기술의 이전 및 사업화 촉진에 관한 법률 시행령 일부를 다음과 같이 개정한다.

제4조 중 "농림수산식품부"를 "농림축산식품부"로, "국토해양부"를 "국토교통부, 해양수산부"로 한다.

제5조제1항부터 제3항까지, 제10조제1항 본문, 제16조제1항제2호ㆍ제3호, 같은 조 제2항 각 호 외의 부분 단서, 같은 조 제4항 각 호 외의 부분, 같은 조 제5항, 제17조제1항ㆍ제2항, 제19조의2제2항 각 호 외의 부분 단서, 같은 조 제4항 각 호 외의 부분, 제19조의3제2항, 제19조의4제2항 각 호 외의 부분, 제20조제2항, 제21조제1항제6호, 같은 조 제2항제4호, 같은 조 제4항, 제23조제1항, 같은 조 제2항 각 호 외의 부분, 제3항 각 호 외의 부분, 같은 조 제4항제2호, 제25조제5호, 제25조의4제1항 전단, 같은 조 제3항 본문, 같은 조 제4항, 제25조의6 각 호 외의 부분, 제27조제1항제4호, 제32조제1항제3호ㆍ제4호, 제33조의2제1항 각 호 외의 부분, 제2항 각 호 외의 부분, 제34조제1항 각 호 외의 부분, 같은 조 제2항, 같은 조 제3항 각 호 외의 부분, 같은 조 제4항, 제35조

제1항, 같은 조 제2항 각 호 외의 부분, 같은 조 제3항, 제36조제1항부터 제3항까지, 제39조, 제40조제2항 본문, 제41조제1항, 같은 조 제2항 본문, 같은 조 제4항·제5항, 제44조 각 호 외의 부분, 별표 1의 경영분야란 제7호 및 기술분야란 제8호 중 "지식경제부장관"을 각각 "산업통상자원부장관"으로 한다.

제25조의4제1항 전단, 제34조제1항 각 호 외의 부분 및 같은 조 제4항 중 "지식경제부령"을 각각 "산업통상자원부령"으로 한다.

제36조제2항 및 제3항 중 "지식경제부"를 각각 "산업통상자원부"로 한다.

⑬부터 〈92〉까지 생략

부칙 〈제25050호, 2013. 12. 30.〉 (행정규제기본법 개정에 따른 규제 재검토기한 설정을 위한 주택법 시행령 등 일부개정령)

이 영은 2014년 1월 1일부터 시행한다. 〈단서 생략〉

부칙 〈제25393호, 2014. 6. 25.〉 (과학기술분야 정부출연연구기관 등의 설립·운영 및 육성에 관한 법률 시행령)

제1조(시행일) 이 영은 2014년 6월 29일부터 시행한다.

제2조(다른 법령의 개정) ① 및 ② 생략

③ 기술의 이전 및 사업화 촉진에 관한 법률 시행령 일부를 다음과 같이 개정한다.

제22조의2제1호 중 "「과학기술분야 정부출연연구기관 등의 설립·운영 및 육성에 관한 법률」 제2조제2호"를 "「과학기술분야 정부출

연연구기관 등의 설립·운영 및 육성에 관한 법률」 제18조"로 한다.
④부터 ⑫까지 생략

부칙 〈제25840호, 2014. 12. 9.〉 (규제 재검토기한 설정 등 규제정비를 위한 건축법 시행령 등 일부개정령)

제1조(시행일) 이 영은 2015년 1월 1일부터 시행한다.

제2조 부터 제16조까지 생략

부칙 〈제28187호, 2017. 7. 17.〉

이 영은 공포한 날부터 시행한다.

부칙 〈제29677호, 2019. 4. 2.〉 (중소기업진흥에 관한 법률 시행령)

제1조(시행일) 이 영은 공포한 날부터 시행한다.

제2조(다른 법령의 개정) ①부터 ⑩까지 생략

⑪ 기술의 이전 및 사업화 촉진에 관한 법률 시행령 일부를 다음과 같이 개정한다.

제27조제1항제1호 중 "중소기업창업 및 진흥기금"을 "중소벤처기업창업 및 진흥기금"으로 한다.

⑫부터 〈61〉까지 생략

부칙 〈제30012호, 2019. 7. 30.〉

제1조(시행일) 이 영은 공포한 날부터 시행한다.

제2조(전용실시권 등 허락 사유 변경에 관한 적용례) 제26조제4항 제2호의 개정규정은 이 영 시행 당시 기술진흥원에 등록된 공공기술에 대해서도 적용한다.

부칙 〈제31611호, 2021. 4. 6.〉 (경영지도사 및 기술지도사에 관한 법률 시행령)

제1조(시행일) 이 영은 2021년 4월 8일부터 시행한다.

제2조 부터 제4조까지 생략

제5조(다른 법령의 개정) ① 및 ② 생략

③ 기술의 이전 및 사업화 촉진에 관한 법률 시행령 일부를 다음과 같이 개정한다.

별표 1의 경영 분야란 제6호 및 같은 표의 기술 분야란 제6호 중 "「중소기업진흥에 관한 법률」 제50조"를 각각 "「경영지도사 및 기술지도사에 관한 법률」 제8조"로 한다.

④부터 ⑭까지 생략

제6조 생략

부칙 〈제32074호, 2021. 10. 19.〉 (국가공무원 등 직무발명의 처분·관리 및 보상 등에 관한 규정)

제1조(시행일) 이 영은 2021년 10월 21일부터 시행한다.

제2조 생략

제3조(다른 법령의 개정) ①부터 ④까지 생략

⑤ 기술의 이전 및 사업화 촉진에 관한 법률 시행령의 일부를 다

음과 같이 개정한다.

제24조제2항 각 호 외의 부분 단서 중 "「공무원 직무발명의 처분·관리 및 보상 등에 관한 규정」"을 "「국가공무원 등 직무발명의 처분·관리 및 보상 등에 관한 규정」"으로 한다.

⑥ 생략

제4조 생략

부칙 〈제32733호, 2022. 6. 28.〉 (중소기업창업 지원법 시행령)

제1조(시행일) 이 영은 2022년 6월 29일부터 시행한다.

제2조 생략

제3조(다른 법령의 개정) ①부터 ④까지 생략

⑤ 기술의 이전 및 사업화 촉진에 관한 법률 시행령 일부를 다음과 같이 개정한다.

제23조제1항 중 "「중소기업창업 지원법」 제2조제1호에 따른 창업"을 "「중소기업창업 지원법」에 따른 창업"으로 한다.

⑥부터 ㉚까지 생략

제4조 생략

부칙 〈제33913호, 2023. 12. 12.〉 (행정법제 혁신을 위한 가덕도신공항 건설을 위한 특별법 시행령 등 123개 법령의 일부개정에 관한 대통령령)

이 영은 공포한 날부터 시행한다.

부칙 〈제34468호, 2024. 4. 30.〉 (산업기술혁신 촉진법 시행령)

제1조(시행일) 이 영은 공포한 날부터 시행한다. 〈단서 생략〉

제2조(다른 법령의 개정) ①부터 ④까지 생략

⑤ 기술의 이전 및 사업화 촉진에 관한 법률 시행령 일부를 다음과 같이 개정한다.

제22조제1항제2호 중 "한국산업기술평가관리원"을 "한국산업기술기획평가원"으로 한다.

⑥부터 ⑲까지 생략

부칙 〈제35803호, 2025. 10. 1.〉 (산업통상부와 그 소속기관 직제)

제1조(시행일) 이 영은 공포한 날부터 시행한다. 다만, 부칙 제6조에 따라 개정되는 대통령령 중 이 영 시행 전에 공포되었으나 시행일이 도래하지 않은 대통령령을 개정한 부분은 각각 해당 대통령령의 시행일부터 시행한다.

제2조 부터 제5조까지 생략

제6조(다른 법령의 개정) ①부터 ⑮까지 생략

⑯ 기술의 이전 및 사업화 촉진에 관한 법률 시행령 일부를 다음과 같이 개정한다.

제4조 중 "환경부"를 "기후에너지환경부"로, "방위사업청, 농촌진흥청, 특허청"을 "지식재산처, 방위사업청, 농촌진흥청"으로 한다.

제5조제1항부터 제3항까지, 제10조제1항 본문, 제16조제1항제2

호ㆍ제3호, 같은 조 제2항 각 호 외의 부분 단서, 같은 조 제4항 각 호 외의 부분, 같은 조 제5항, 제17조제1항ㆍ제2항, 제19조의2 제2항 각 호 외의 부분 단서, 같은 조 제4항 각 호 외의 부분, 제19조의3제2항, 제19조의4제2항 각 호 외의 부분, 제20조제2항, 제21조제1항제6호, 같은 조 제2항제4호, 같은 조 제4항, 제23조제1항, 같은 조 제2항 각 호 외의 부분, 같은 조 제3항 각 호 외의 부분, 같은 조 제4항제2호, 제25조제5호, 제25조의4제1항 전단, 같은 조 제3항 본문, 같은 조 제4항, 제25조의6 각 호 외의 부분, 제27조제1항제4호, 제32조제1항제3호ㆍ제4호, 제33조의2제1항 각 호 외의 부분, 같은 조 제2항 각 호 외의 부분, 제34조제1항 각 호 외의 부분, 같은 조 제2항, 같은 조 제3항 각 호 외의 부분, 같은 조 제4항, 제35조제1항, 같은 조 제2항 각 호 외의 부분, 같은 조 제3항, 제36조제1항부터 제3항까지, 제39조, 제40조제2항 본문, 제41조제1항ㆍ제2항ㆍ제4항ㆍ제5항, 제44조 각 호 외의 부분, 제45조제1항 각 호 외의 부분 및 같은 조 제2항 중 "산업통상자원부장관"을 각각 "산업통상부장관"으로 한다.

제25조의4제1항 전단, 제34조제1항 각 호 외의 부분 및 제34조제4항 중 "산업통상자원부령"을 각각 "산업통상부령"으로 한다.

제36조제2항 및 제3항 중 "산업통상자원부 인터넷"을 각각 "산업통상부 인터넷"으로 한다.

별표 1의 경영 분야란 제7호 및 같은 표 기술 분야란 제8호 중 "산업통상자원부장관"을 각각 "산업통상부장관"으로 한다.

⑰부터 〈101〉까지 생략

별표 / 서식

[별표 1] 기술지주회사의 전문인력 기준(제25조의3제1호 관련)

[별표 2] 과징금의 부과기준(제40조제1항 관련)

기술의 이전 및 사업화 촉진에 관한 법률 시행규칙

(약칭 : 기술이전법 시행규칙)

[시행 2025. 10. 1.] [산업통상부령 제1호, 2025. 10. 1., 타법개정]

**개정 예정 법률 밑줄 별도 표시.

기술의 이전 및 사업화 촉진에 관한 법률 시행규칙

(약칭 : 기술이전법 시행규칙)

[시행 2025. 10. 1.] [산업통상부령 제1호, 2025. 10. 1., 타법개정]

제1조(목적) 이 규칙은 「기술의 이전 및 사업화 촉진에 관한 법률」 및 같은 법 시행령에서 위임된 사항과 그 시행에 필요한 사항을 규정함을 목적으로 한다.

제2조(기술지주회사 등록신청서 등) ① 「기술의 이전 및 사업화 촉진에 관한 법률 시행령」(이하 "영"이라 한다) 제25조의4제1항에 따른 기술지주회사 등록신청서는 별지 제1호서식에 따른다.

② 제1항에 따른 기술지주회사 등록신청서를 제출받은 산업통상부장관은 「전자정부법」 제36조제1항에 따른 행정정보의 공동이용을 통하여 등기사항증명서(법인만 해당한다)를 확인하여야 한다. 〈개정 2013. 3. 23., 2025. 10. 1.〉

③ 영 제25조의4제4항에 따른 기술지주회사 등록증은 별지 제2호서식에 따른다.

제3조(신탁 대상 기술의 특허료 등 지원) ① 산업통상부장관은 「기술의 이전 및 사업화 촉진에 관한 법률」(이하 "법"이라 한다) 제22

조제1항에 따라 법 제35조의2제6항에 따른 기술신탁관리기관(이하 “기술신탁관리기관”이라 한다)에 대하여 「특허법」, 「실용신안법」, 「디자인보호법」과 그 밖의 관련 법률에 따른 특허료·등록료 등 권리 유지에 필요한 금액을 해당 금액의 70퍼센트 이내의 범위에서 지원할 수 있다. 〈개정 2012. 4. 17., 2013. 3. 23., 2025. 10. 1.〉

② 제1항에 따른 지원 대상은 산업통상부장관이 정하여 고시하는 기술신탁 선별평가기준에 따라 선별하여야 한다. 〈개정 2013. 3. 23., 2025. 10. 1.〉

제4조(기술신탁관리업의 허가신청서 등) ① 영 제34조제1항에 따른 기술신탁관리업 허가신청서는 별지 제3호서식에 따르고, 영 제34조제4항에 따른 기술신탁관리업 허가증은 별지 제4호서식에 따른다.

② 산업통상부장관은 법 제35조의2제1항에 따라 기술신탁관리업을 허가한 경우에는 그 사실을 영 제22조제1항 각 호의 기관에 통보하여야 하고, 별지 제5호서식의 기술신탁관리업 허가증 관리대장에 기록하여 관리하여야 한다. 〈개정 2013. 3. 23., 2025. 10. 1.〉

제5조(기술신탁관리업의 변경허가신청서 등) ① 기술신탁관리기관이 영 제35조제1항에 따른 변경허가를 받으려는 경우에는 별지 제6호서식의 기술신탁관리업 변경허가신청서에 기술신탁관리업 허가증과 그 밖에 변경사항을 증명할 수 있는 서류를 첨부하여 산업통상부장관에게 제출하여야 한다. 이 경우 산업통상부장관은 「전자정부법」 제36조제1항에 따른 행정정보의 공동이용을 통하여 등기사항증명서(법인만 해당한다)를 확인하여야 한다. 〈개정 2013. 3. 23., 2025.

10. 1.〉

② 기술신탁관리기관은 영 제35조제2항 각 호의 사항을 변경할 때에는 변경통보서에 기술신탁관리업 허가증과 다음 각 호의 구분에 따른 서류를 첨부하여 산업통상부장관에게 제출하여야 한다. 다만, 「전자정부법」 제36조제1항에 따른 행정정보의 공동이용을 통하여 첨부서류에 대한 정보를 확인할 수 있는 경우에는 그 확인으로 첨부서류의 제출을 갈음할 수 있다. 〈개정 2013. 3. 23., 2025. 10. 1.〉

1. 법인·기관 또는 단체의 명칭이 변경된 경우: 등기사항증명서(법인만 해당한다) 또는 사업자등록증 사본

2. 본점 또는 영업소의 소재지가 변경된 경우: 등기사항증명서(법인만 해당한다) 또는 사업자등록증 사본

3. 대표자가 변경된 경우: 다음 각 목의 서류

가. 등기사항증명서(법인만 해당한다) 또는 사업자등록증 사본

나. 삭제 〈2017. 4. 28.〉

③ 산업통상부장관은 제1항에 따라 변경허가를 하거나 제2항에 따라 변경통보서를 받은 경우에는 기술신탁관리업 허가증에 변경된 사항을 반영하여 기술신탁관리업 허가증을 발급하고, 기술신탁관리업 허가증 관리대장에 변경된 사항을 기록하여 관리하여야 한다. 〈개정 2013. 3. 23., 2025. 10. 1.〉

④ 기술신탁관리기관은 영 제35조제3항에 따라 기술신탁관리업의 휴업 또는 폐업을 통보하는 경우에는 별지 제7호서식의 기술신탁관리업 휴업·폐업 통보서에 다음 각 호의 서류를 첨부하여 산업통상부장관에게 제출하여야 한다. 〈개정 2013. 3. 23., 2025. 10. 1.〉

1. 기술신탁관리업 허가증

2. 신탁자와 수익자에게 휴업 또는 폐업의 사실을 통보하였음을 확인할 수 있는 서류

제6조(기술신탁관리업의 인력 등의 요건) ① 법 제35조의2제2항제2호에서 "산업통상부령으로 정하는 인력, 조직 및 기술능력 등"이란 다음 각 호와 같다. 〈개정 2012. 4. 17., 2013. 3. 23., 2025. 10. 1.〉

1. 다음 각 목의 어느 하나에 해당하는 사람으로서 기술신탁관리업의 운용에 관한 전문성을 갖춘 인력(법 제35조의2제2항제3호 각 목의 어느 하나에 해당하는 사람은 제외한다)을 5명 이상 임직원으로 확보하고 있을 것

가. 기술연구개발 분야에 3년 이상 종사한 경력이 있는 사람

나. 기술 관련 정책·기획·평가 또는 관리 업무에 3년 이상 종사한 경력이 있는 사람

다. 기술거래 또는 기술평가 분야에 3년 이상 종사한 경력이 있는 사람

라. 지식재산권에 관한 소송, 출원 또는 심사 대리 관련 업무에 3년 이상 종사한 경력이 있는 사람

마. 변호사, 변리사, 공인회계사 또는 기술사 자격이 있는 사람

2. 영 제4조의2 각 호의 업무를 수행할 수 있는 기술신탁관리업 전담부서를 설치할 것

3. 법 제2조제8호에 따른 기술등의 선별평가를 수행할 수 있는 시스템을 갖춘 기술능력과 기술신탁관리업을 운용할 때 발생할 수

있는 손해를 담보하기 위한 재정능력을 갖추고 있을 것

② 제1항에 따른 인력, 조직 및 기술능력 등에 관한 세부 사항은 산업통상부장관이 정하여 고시한다. 〈개정 2013. 3. 23., 2025. 10. 1.〉

제7조(수수료) 법 제35조의2제7항에 따른 수수료의 기준은 별표 1과 같다. 〈개정 2012. 4. 17.〉

제8조(행정처분의 기준) ① 법 제35조의7제2항에 따른 행정처분의 세부기준은 별표 2와 같다.

② 산업통상부장관은 위반행위의 동기, 내용, 위반 정도 및 위반 횟수 등을 고려하여 별표 2에 따른 업무정지 기간의 2분의 1의 범위에서 처분기간을 늘리거나 줄일 수 있다. 다만, 늘리는 경우에도 업무정지의 총기간은 6개월을 초과할 수 없다. 〈개정 2013. 3. 23., 2025. 10. 1.〉

제9조(행정처분 관리대장) 법 제35조의7에 따른 허가취소 및 업무정지 처분과 법 제35조의8에 따른 과징금 부과처분에 관한 사항은 별지 제8호서식의 행정처분 관리대장에 기록하여 관리한다.

제10조(규제의 재검토) 산업통상부장관은 제6조에 따른 기술신탁관리업의 인력 등의 요건에 대하여 2014년 1월 1일을 기준으로 3년마다(매 3년이 되는 해의 1월 1일 전까지를 말한다) 그 타당성을 검토하여 개선 등의 조치를 하여야 한다. 〈개정 2025. 10. 1.〉

[본조신설 2014. 2. 4.]

부칙 〈제146호, 2010. 8. 31.〉

이 규칙은 공포한 날부터 시행한다.

부칙 〈제207호, 2011. 10. 19.〉 (주민등록번호 등 개인정보 처리 근거법령 일괄정비를 위한 경제자유구역의 지정 및 운영에 관한 특별법 시행규칙 등 일부개정령)

제1조(시행일) 이 규칙은 공포일부터 시행한다.

제2조(서식 개정에 관한 경과조치) 이 규칙 시행 당시 종전의 규정에 따른 서식은 계속하여 사용하되, 이 규칙에 따라 개정된 부분은 수정하여 사용한다.

부칙 〈제247호, 2012. 4. 27.〉

이 규칙은 2012년 4월 27일부터 시행한다.

부칙 〈제1호, 2013. 3. 23.〉 (산업통상자원부와 그 소속기관 직제 시행규칙)

제1조(시행일) 이 규칙은 공포한 날부터 시행한다. 〈단서 생략〉

제2조 부터 제6조까지 생략

제7조(다른 법령의 개정) ①부터 ⑥까지 생략

⑦ 기술의 이전 및 사업화 촉진에 관한 법률 시행규칙 일부를 다음과 같이 개정한다.

제2조제2항, 제3조제1항 · 제2항, 제4조제2항, 제5조제1항 전단 · 후단, 같은 조 제2항 각 호 외의 부분 본문, 같은 조 제3항, 같은 조 제4항 각 호 외의 부분, 제6조제2항 및 제8조제2항 본문 중 "지

식경제부장관"을 각각 "산업통상자원부장관"으로 한다.

제6조제1항 각 호 외의 부분 중 "지식경제부령"을 "산업통상자원부령"으로 한다.

별지 제1호서식 앞쪽, 별지 제2호서식, 별지 제3호서식 앞쪽, 별지 제4호서식, 별지 제6호서식 및 별지 제7호서식 중 "지식경제부장관"을 각각 "산업통상자원부장관"으로 한다.

별지 제1호서식 뒤쪽 및 별지 제3호서식 뒤쪽 중 "지식경제부"를 각각 "산업통상자원부"로 한다.

⑧부터 〈63〉까지 생략

부칙 〈제48호, 2014. 2. 4.〉 (행정규제기본법 개정에 따른 재검토기한 규정을 위한 계량에 관한 법률 시행규칙 등 일부개정령)

이 규칙은 공포한 날부터 시행한다.

부칙 〈제256호, 2017. 4. 28.〉

이 규칙은 공포한 날부터 시행한다.

부칙 〈제448호, 2022. 1. 21.〉 (고압가스 안전관리법 시행규칙 등 36개 산업통상자원부령 일부개정령)

이 규칙은 공포한 날부터 시행한다.

부칙 〈제1호, 2025. 10. 1.〉 (산업통상부와 그 소속기관 직제 시행규칙)

제1조(시행일) 이 규칙은 공포한 날부터 시행한다. 다만, 부칙 제5조에 따라 개정되는 부령 중 이 규칙 시행 전에 공포되었으나 시행일이 도래하지 않은 부령을 개정한 부분은 해당 부령의 시행일부터 시행한다.

제2조 부터 제4조까지 생략

제5조(다른 법령의 개정) ①부터 ⑨까지 생략

⑩ 기술의 이전 및 사업화 촉진에 관한 법률 시행규칙 일부를 다음과 같이 개정한다.

제2조제2항, 제3조제1항 · 제2항, 제4조제2항, 제5조제1항 전단 · 후단, 같은 조 제2항 각 호 외의 부분 본문, 같은 조 제3항, 같은 조 제4항 각 호 외의 부분, 제6조제2항, 제8조제2항 본문 및 제10조 중 "산업통상자원부장관"을 각각 "산업통상부장관"으로 한다.

제6조제1항 각 호 외의 부분 중 "산업통상자원부령"을 "산업통상부령"으로 한다.

별지 제1호서식 앞쪽, 별지 제2호서식, 별지 제3호서식 앞쪽, 별지 제4호서식, 별지 제6호서식 및 별지 제7호서식 중 "산업통상자원부장관"을 각각 "산업통상부장관"으로 한다.

별지 제1호서식 뒤쪽의 처리절차란 및 별지 제3호서식 뒤쪽의 처리절차란 중 "산업통상자원부"를 각각 "산업통상부"로 한다.

⑪부터 〈54〉까지 생략

별표 / 서식

[별표 1] 수수료의 기준(제7조 관련)

[별표 2] 행정처분의 기준(제8조제1항 관련)

[별지 제1호서식] 기술지주회사 등록신청서

[별지 제2호서식] 기술지주회사 등록증

[별지 제3호서식] 기술신탁관리업 허가신청서

[별지 제4호서식] 기술신탁관리업 허가증

[별지 제5호서식] 기술신탁관리업 허가증 관리대장

[별지 제6호서식] 기술신탁관리업 변경허가신청서

[별지 제7호서식] 기술신탁관리업(휴업, 폐업)통보서

[별지 제8호서식] 행정처분 관리대장

대한민국 법령 시리즈 368

기술의 이전 및 사업화 촉진에 관한 법률

(약칭 : 기술이전법)

법령 / 시행령 / 시행규칙

2025년 11월 11일 인쇄 정가 15,000원
2025년 11월 21일 발행

편 저 편집부
디 자 인 송영미
발 행 인 조준형
발 행 처 해광출판사
http://www.hgbookpub.com
E-mail : munbookcokr@naver.com
주 소 부산광역시 중구 해관로 41-1 (중앙동2가)
전화번호 (051) 253-0001 팩스 (051) 245-1187
등 록 제 2012-000005호

해광출판사에서는 여러분의 소중한 원고와 함께 할 기회를 기다리고 있습니다. 책으로 엮을 원고나 아이디어가 있으신 분들은 이메일 munbookcokr@naver.com 로 책에 대한 간단한 개요와 원고 전체 또는 일부를 연락처와 함께 보내주십시오.

ISBN 979-11-6881-910-8

※ 법령 출처 : 법제처 국가법령정보센터
※ 본 도서는 〈공공데이터 제공 및 이용 활성화에 관한 법률〉을 근거로 출판되었습니다.

해광출판사 대한민국 법령 시리즈

001. 선원법
002. 어선법
003. 선박직원법
004. 해사안전기본법
005. 해양환경관리법
006. 선박의 입항 및 출항등에 관한 법률
007. 학교안전사고예방 및 보상에 관한 법률
008. 종합부동산세법
009. 방위사업법
010. 행정규제기본법
011. 식품산업진흥법
012. 위험물안전관리법
013. 화재의 예방 및 안전관리에 관한 법률
014. 도시가스사업법
015. 실내공기질관리법
016. 지방세법
017. 소득세법
018. 법인세법
019. 도선법
020. 선박안전법
021. 선박법
022. 수산업법
023. 고압가스안전관리법
024. 국민연금법
025. 공동주택관리법
026. 화학물질관리법
027. 어선원 및 어선 재해보상보험법
028. 장기등 이식에 관한 법률
029. 자연재해대책법
030. 공유재산 및 물품 관리법
031. 산업입지 및 개발에 관한 법률
032. 부정경쟁방지 및 영업비밀보호에 관한 법률
033. 금융지주회사법
034. 온실가스 배출권의 할당 및 거래에 관한 법률
035. 건축사법
036. 산림문화휴양에 관한 법률
037. 전기사업법
038. 사립학교법
039. 고등교육법
040. 액화석유가스의 안전관리 및 사업법
041. 선박투자회사법
042. 수산자원관리법
043. 위험물선박운송및저장규칙
044. 선박평형수관리법
045. 주택임대차보호법
046. 상가건물임대차보호법
047. 지방공기업법
048. 승강기안전관리법
049. 수목원·정원의 조성 및 진흥에 관한 법률
050. 민법
051. 치료감호 등에 관한 법률
052. 대부업 등의 등록 및 금융이용자 보호에 관한 법률
053. 사료관리법
054. 무형문화재 보전 및 진흥에 관한 법률
055. 총포·도검·화약류 등의 안전관리에 관한 법률
056. 경찰관직무집행법
057. 시설물의 안전 및 유지관리에 관한 특별법
058. 수산생물질병 관리법
059. 소비자기본법
060. 국제선박등록법
061. 정보통신망 이용촉진 및 정보보호 등에 관한 법률
062. 해운법
063. 농수산물 품질관리법
064. 수산업협동조합법
065. 해외건설촉진법
066. 수상레저안전법
067. 공무원재해보상법
068. 수상에서의 수색·구조 등에 관한 법률
069. 어촌어항법
070. 항만법
071. 항만운송사업법
072. 해양경비법
073. 해양사고의 조사 및 심판에 관한 법률
074. 외국인근로자의 고용 등에 관한 법률
075. 중소기업기본법
076. 자유무역지역의 지정 및 운영에 관한 법률
077. 대기환경보전법
078. 소음진동관리법
079. 폐기물관리법
080. 하수도법
081. 물환경보전법
082. 토양환경보전법
083. 환경정책기본법
084. 산업재해보상보험법
085. 관세법
086. 노동조합 및 노동관계조정법
087. 근로기준법
088. 군인연금법
089. 먹는물관리법
090. 기술보증기금법
091. 관광진흥법
092. 감염병의 예방 및 관리에 관한 법률
093. 사법경찰관리의 직무를 수행할 자와 그 직무범위에 관한 법률
094. 수의사법
095. 가정폭력방지 및 피해자보호 등에 관한 법률
096. 환경영향평가법
097. 체육시설의 설치 · 이용에 관한 법률
098. 장사 등에 관한 법률
099. 상호저축은행법
100. 은행법
101. 보호관찰 등에 관한 법률
102. 형법
103. 자동차관리법
104. 형사소송법
105. 전자금융거래법
106. 마약류 불법거래 방지에 관한 특례법
107. 도로법
108. 주세법
109. 변리사법
110. 하천법
111. 중소기업진흥에 관한 법률
112. 발달장애인 권리보장 및 지원에 관한 법률
113. 주택법
114. 장애인복지법
115. 농어업경영체 육성 및 지원에 관한 법률
116. 공인중개사법
117. 건강기능식품에 관한 법률
118. 예비군법
119. 개발제한구역의 지정 및 관리에 관한 특별조치법
120. 국유재산법
121. 주차장법
122. 환경기술 및 환경산업 지원법
123. 대기관리권역의 대기환경개선에 관한 특별법
124. 악취방지법
125. 미세먼지 저감 및 관리에 관한 특별법
126. 가축분뇨의 관리 및 이용에 관한 법률
127. 물의 재이용 촉진 및 지원에 관한 법률
128. 물관리기본법
129. 물관리기술 발전 및 물산업 진흥에 관한 법률
130. 자원의 절약과 재활용촉진에 관한 법률
131. 전기 · 전자제품 및 자동차의 자원순환에 관한 법률
132. 건설폐기물의 재활용촉진에 관한 법률
133. 수도권매립지관리공사의 설립 및 운영 등에 관한 법률
134. 폐기물의 국가 간 이동 및 그 처리에 관한 법률
135. 폐기물처리시설 설치촉진 및 주변지역지원 등에 관한 법률
136. 자원순환기본법
137. 잔류성오염물질 관리법
138. 환경분쟁 조정법

해광출판사 대한민국 법령 시리즈

139. 화학물질의 등록 및 평가 등에 관한 법률
140. 환경오염시설의 통합관리에 관한 법률
141. 환경오염피해 배상책임 및 구제에 관한 법률
142. 중소기업제품 구매촉진 및 판로지원에 관한 법률
143. 환경개선비용 부담법
144. 환경분야 시험·검사 등에 관한 법률
145. 환경친화적 산업구조로의 전환촉진에 관한 법률
146. 환경친화적 자동차의 개발 및 보급 촉진에 관한 법률
147. 환경범죄 등의 단속 및 가중처벌에 관한 법률
148. 생명윤리 및 안전에 관한 법률
149. 장애인차별금지 및 권리구제 등에 관한 법률
150. 부동산투자회사법
151. 정치자금법
152. 과학기술기본법
153. 대리점거래의 공정화에 관한 법률
154. 상속세 및 증여세법
155. 학원의 설립 · 운영 및 과외교습에 관한 법률
156. 해양심층수의 개발 및 관리에 관한 법률
157. 전기용품 및 생활용품 안전관리법
158. 사회기반시설에 대한 민간투자법
159. 공직선거법
160. 정당법
161. 유류오염손해배상 보장법
162. 부정청탁 및 금품등 수수의 금지에 관한 법률
163. 항로표지법
164. 어장관리법
165. 민방위기본법
166. 공직자윤리법
167. 선거관리위원회법
168. 유선 및 도선 사업법
169. 전기공사업법
170. 사회복지사업법
171. 택지개발촉진법
172. 국가공무원법
173. 민간임대주택에 관한 특별법
174. 어음법·수표법
175. 민사집행법
176. 상법
177. 문화예술진흥법
178. 중소기업협동조합법
179. 농업협동조합법
180. 도로교통법
181. 의료사고 피해구제 및 의료분쟁 조정 등에 관한 법률
182. 산림보호법
183. 소년법
184. 동물보호법
185. 건축물관리법
186. 도시개발법
187. 화물자동차 운수사업법
188. 도시 및 주거환경정비법
189. 의료법
190. 국회법
191. 응급의료에 관한 법률
192. 출입국관리법
193. 노인복지법
194. 산림자원의 조성 및 관리에 관한 법률
195. 청소년 보호법
196. 초 · 중등교육법
197. 혁신도시 조성 및 발전에 관한 특별법
198. 경제자유구역의 지정 및 운영에 관한 특별법
199. 공공기관의 운영에 관한 법률
200. 대한민국헌법
201. 국민기초생활 보장법
202. 저작권법
203. 가사소송법
204. 국가유공자 등 예우 및 지원에 관한 법률
205. 국민체육진흥법
206. 전통주 등의 산업진흥에 관한 법률
207. 재난 및 안전관리 기본법
208. 정보통신공사업법
209. 주식회사 등의 외부감사에 관한 법률
210. 공익사업을 위한 토지 등의 취득 및 보상에 관한 법률
211. 개인정보 보호법
212. 국세기본법
213. 에너지이용 합리화법
214. 감정평가 및 감정평가사에 관한 법률
215. 국가인권위원회법
216. 가맹사업거래의 공정화에 관한 법률
217. 보건의료기본법
218. 산업안전보건법
219. 법무사법
220. 교육공무원법
221. 특허법
222. 민사소송법
223. 아동복지법
224. 전파법
225. 하도급거래 공정화에 관한 법률
226. 기초연금법
227. 사립학교교직원 연금법
228. 직업안정법
229. 장애아동 복지지원법
230. 부동산등기법
231. 자동차손해배상 보장법
232. 철도안전법
233. 항공안전법
234. 전자상거래 등에서의 소비자보호에 관한 법률
235. 독점규제 및 공정거래에 관한 법률
236. 상표법
237. 채무자 회생 및 파산에 관한 법률
238. 공무원연금법
239. 축산법
240. 근로복지기본법
241. 민원 처리에 관한 법률
242. 약사법
243. 방문판매 등에 관한 법률
244. 건축기본법
245. 지방세기본법
246. 지방세징수법
247. 지방자치법
248. 도시교통정비 촉진법
249. 공공주택 특별법
250. 국세징수법
251. 공인노무사법
252. 중대재해 처벌 등에 관한 법률
253. 외무공무원법
254. 소방시설공사업법
255. 검역법
256. 공중위생관리법
257. 할부거래에 관한 법률
258. 인터넷 멀티미디어 방송사업법
259. 전기통신사업법
260. 제품안전기본법
261. 철도사업법
262. 어린이제품 안전 특별법
263. 영유아보육법
264. 원자력안전법
265. 보험업법
266. 경비업법
267. 교통안전법
268. 세무사법
269. 관세사법
270. 공인회계사법
271. 지방공무원법
272. 고용정책 기본법
273. 국가경찰과 자치경찰의 조직 및 운영에 관한 법률
274. 협동조합 기본법
275. 재해구호법
276. 환경보건법

해광출판사 대한민국 법령 시리즈

277. 자살예방 및 생명존중문화 조성을 위한 법률
278. 소방산업의 진흥에 관한 법률
279. 소방기본법
280. 비송사건절차법
281. 자연환경보전법
282. 변호사법
283. 기업구조조정투자회사법
284. 전기통신기본법
285. 에너지법
286. 해양생태계의 보전 및 관리에 관한 법률
287. 사회보장기본법
288. 통신비밀보호법
289. 공증인법
290. 물류시설의 개발 및 운영에 관한 법률
291. 청소년활동 진흥법
292. 형의 집행 및 수용자의 처우에 관한 법률
293. 도시공원 및 녹지 등에 관한 법률
294. 태권도 진흥 및 태권도공원 조성 등에 관한 법률
295. 녹색건축물 조성 지원법
296. 우편법
297. 예금자보호법
298. 건설산업기본법
299. 금융회사의 지배구조에 관한 법률
300. 장애인활동 지원에 관한 법률
301. 언론중재 및 피해구제 등에 관한 법률
302. 국가재정법
303. 농지법
304. 게임산업진흥에 관한 법률
305. 정신건강증진 및 정신질환자 복지서비스 지원에 관한 법률
306. 디자인보호법
307. 의료기사 등에 관한 법률
308. 스마트도시 조성 및 산업진흥 등에 관한 법률
309. 내수면어업법
310. 한국주택금융공사법
311. 의료기기법
312. 유통산업발전법
313. 전통시장 및 상점가 육성을 위한 특별법
314. 여신전문금융업법
315. 해외자원개발 사업법
316. 산업교육진흥 및 산학연협력촉진에 관한 법률
317. 빈집 및 소규모주택 정비에 관한 특례법
318. 기업도시개발 특별법
319. 전력기술관리법
320. 국토기본법
321. 지하수법
322. 식품위생법
323. 광업법
324. 호스피스·완화의료 및 임종과정에 있는 환자의 연명의료결정에 관한 법률
325. 주식·사채 등의 전자등록에 관한 법률
326. 표시·광고의 공정화에 관한 법률
327. 골재채취법
328. 국민건강증진법
329. 새마을금고법
330. 여객자동차 운수사업법
331. 마리나항만의 조성 및 관리 등에 관한 법률
332. 한부모가족지원법
333. 국가를 당사자로 하는 계약에 관한 법률
334. 지방자치단체를 당사자로 하는 계약에 관한 법률
335. 축산물 위생관리법
336. 병역법
337. 음악산업진흥에 관한 법률
338. 국가균형발전 특별법
339. 첨단재생의료 및 첨단바이오의약품 안전 및 지원에 관한 법률
340. 공간정보의 구축 및 관리 등에 관한 법률
341. 공유수면 관리 및 매립에 관한 법률
342. 농수산물 유통 및 가격안정에 관한 법률
343. 아시아문화중심도시 조성에 관한 특별법
344. 신탁법
345. 자연공원법
346. 생활화학제품 및 살생물제의 안전관리에 관한 법률
347. 군인사법
348. 국제조세조정에 관한 법률
349. 낙동강수계 물관리 및 주민지원 등에 관한 법률
350. 주민등록법
351. 집합건물의 소유 및 관리에 관한 법률
352. 집단에너지사업법
353. 산림조합법
354. 반도체집적회로의 배치설계에 관한 법률
355. 자본시장과 금융투자업에 관한 법률
356. 담보부사채신탁법
357. 근로자퇴직급여 보장법
358. 국제과학비즈니스벨트 조성 및 지원에 관한 특별법
359. 수도법
360. 식품 등의 표시·광고에 관한 법률
361. 약관의 규제에 관한 법률
362. 인삼산업법
363. 종자산업법
364. 항공사업법
365. 건설기계관리법
366. 군형법
367. 궤도운송법
368. 기술의 이전 및 사업화 촉진에 관한 법률
369. 농수산물의 원산지 표시 등에 관한 법률
370. 담배사업법
371. 석유 및 석유대체연료 사업법
372. 가축전염병 예방법
373. 농어촌정비법
374. 식물신품종 보호법
375. 항공보안법
376. 중소기업창업 지원법
377. 군사법원법
378. 우주개발 진흥법
379. 해저광물자원 개발법
380. 산림복지 진흥에 관한 법률
381. 지능형 로봇 개발 및 보급 촉진법
382. 헌법재판소법
383. 옥외광고물 등의 관리와 옥외광고산업 진흥에 관한 법률
384. 혈액관리법
385. 국제항해선박 등에 대한 해적행위 피해예방에 관한 법률
386. 유료도로법
387. 독립유공자예우에 관한 법률
388. 신에너지 및 재생에너지 개발·이용·보급 촉진법
389. 신용정보의 이용 및 보호에 관한 법률
390. 출판문화산업 진흥법
391. 공항시설법
392. 국민 평생 직업능력 개발법
393. 아동·청소년의 성보호에 관한 법률
394. 방송법쉬
395. 신용보증기금법
396. 화장품법
397. 청소년 기본법
398. 인터넷주소자원에 관한 법률
399. 양곡관리법
400. 도로명주소법
401. 전자문서 및 전자거래 기본법
402. 산업기술의 유출방지 및 보호에 관한 법률
403. 국가기술자격법
404. 양식산업발전법
405. 산업기술혁신 촉진법
406. 새만금사업 추진 및 지원에 관한 특별법
407. 전자정부법
408. 지역 개발 및 지원에 관한 법률
409. 한국농어촌공사 및 농지관리기금법
410. 계량에 관한 법률
411. 기업활동 규제완화에 관한 특별조치법
412. 군에서의 형의 집행 및 군수용자의 처우에 관한 법률

해광출판사 대한민국 법령 시리즈

413. 규제자유특구 및 지역특화발전특구에 관한 규제특례법
414. 금융위원회의 설치 등에 관한 법률
415. 남녀고용평등과 일·가정 양립 지원에 관한 법률
416. 농어업인 삶의 질 향상 및 농어촌지역 개발촉진에 관한 특별법
417. 댐건설·관리 및 주변지역지원 등에 관한 법률
418. 국가유산수리 등에 관한 법률
419. 법원조직법
420. 보훈보상대상자 지원에 관한 법률
421. 부패방지 및 국민권익위원회의 설치와 운영에 관한 법률
422. 과학기술분야 정부출연연구기관 등의 설립·운영 및 육성에 관한 법률
423. 연구개발특구의 육성에 관한 특별법
424. 친환경농어업 육성 및 유기식품 등의 관리·지원에 관한 법률
425. 연안관리법
426. 영화 및 비디오물의 진흥에 관한 법률
427. 신용협동조합법
428. 방송통신발전 기본법
429. 범죄피해자 보호법
430. 가축 및 축산물 이력관리에 관한 법률
431. 국가표준기본법
432. 국가통합교통체계효율화법
433. 범죄인 인도법
434. 국가과학기술 경쟁력 강화를 위한 이공계지원 특별법
435. 국제경기대회 지원법
436. 금융혁신지원 특별법
437. 수자원의 조사·계획 및 관리에 관한 법률
438. 축산자조금의 조성 및 운용에 관한 법률
439. 소방시설 설치 및 관리에 관한 법률
440. 양성평등기본법
441. 축산계열화사업에 관한 법률
442. 수입식품안전관리 특별법
443. 대외무역법
444. 국가연구개발사업 등의 성과평가 및 성과관리에 관한 법률
445. 무역보험법
446. 기술사법
447. 광산안전법
448. 농약관리법
449. 농업·농촌 및 식품산업 기본법
450. 문화산업진흥 기본법
451. 부담금관리 기본법
452. 야생생물 보호 및 관리에 관한 법률
453. 한국은행법
454. 별정우체국법
455. 원양산업발전법
456. 콘텐츠산업 진흥법
457. 한국수출입은행법
458. 외국인투자 촉진법
459. 물류정책기본법
460. 전자서명법
461. 산업발전법
462. 산업표준화법
463. 소프트웨어 진흥법
464. 토지이용규제 기본법
465. 해수욕장의 이용 및 관리에 관한 법률
466. 정보통신 진흥 및 융합 활성화 등에 관한 특별법
467. 정보통신산업 진흥법
468. 지진·화산재해대책법
469. 소금산업진흥법
470. 위치정보의 보호 및 이용 등에 관한 법률
471. 외국법자문사법
472. 이러닝(전자학습)산업 발전 및 이러닝 활용 촉진에 관한 법률
473. 암관리법
474. 실용신안법
475. 가족관계의 등록 등에 관한 법률
476. 무인도서의 보전 및 관리에 관한 법률
477. 감사원법
478. 정보보호산업의 진흥에 관한 법률
479. 결혼중개업의 관리에 관한 법률
480. 공익신고자 보호법
481. 박물관 및 미술관 진흥법
482. 낚시 관리 및 육성법
483. 동산·채권 등의 담보에 관한 법률
484. 임금채권보장법
485. 국민투표법
486. 농림수산업자 신용보증법
487. 국가채권 관리법
488. 중소기업은행법
489. 식품안전기본법
490. 외국환거래법
491. 발명진흥법
492. 건설기술 진흥법
493. 기후위기 대응을 위한 탄소중립·녹색성장 기본법
494. 인체조직안전 및 관리 등에 관한 법률
495. 엔지니어링산업 진흥법
496. 신문 등의 진흥에 관한 법률
497. 식물방역법
498. 석탄산업법
499. 산업융합 촉진법
500. 비료관리법
501. 임업 및 산촌 진흥촉진에 관한 법률
502. 복권 및 복권기금법
503. 대규모유통업에서의 거래 공정화에 관한 법률
504. 뉴스통신 진흥에 관한 법률
505. 지능정보화 기본법
506. 자격기본법
507. 중소기업 기술혁신 촉진법
508. 국가공간정보 기본법
509. 농어업재해대책법
510. 방송광고판매대행 등에 관한 법률
511. 지식재산 기본법
512. 초고층 및 지하연계 복합건축물 재난관리에 관한 특별법
513. 해양 조사와 해양정보 활용에 관한 법률
514. 공간정보산업 진흥법
515. 공공기관의 정보공개에 관한 법률
516. 행정기본법
517. 해상교통안전법
518. 농어업재해보험법
519. 문화유산의 보존 및 활용에 관한 법률
520. 자연유산의 보존 및 활용에 관한 법률
521. 국토의 계획 및 이용에 관한 법률
522. 건축법
523. 국민건강보험법
524. 계엄법
525. 환경친화적 선박의 개발 및 보급 촉진에 관한 법률
526. 해양폐기물 및 해양오염퇴적물 관리법
527. 연안사고 예방에 관한 법률
528. 전기안전관리법
529. 의약품 등의 안전에 관한 규칙
530. 공공보건의료에 관한 법률
531. 군보건의료에 관한 법률
532. 농어촌 등 보건의료를 위한 특별조치법
533. 보호소년 등의 처우에 관한 법률
534. 국가를 당사자로 하는 소송에 관한 법률
535. 간호법
536. 국립묘지의 설치 및 운영에 관한 법률
537. 주류 면허 등에 관한 법률
538. 부가가치세법
539. 자율운항선박 개발 및 상용화 촉진에 관한 법률

*** 해광출판사의 법령 시리즈는 계속 발행 됩니다.**
**** 각 도서의 개정판은 인쇄일을 기준으로 제작 되었습니다.**